Christian Chlupsa, Jürgen Rohrmeier (Hrsg.)
Employer Branding

Employer Branding

Chancen eines interdisziplinären Ansatzes

Herausgegeben von
Christian Chlupsa, Jürgen Rohrmeier

DE GRUYTER
OLDENBOURG

ISBN 978-3-11-071188-2
e-ISBN (PDF) 978-3-11-071205-6
e-ISBN (EPUB) 978-3-11-071213-1

Library of Congress Control Number: 2021937305

Bibliografische Information der Deutschen Nationalbibliothek
Die Deutsche Nationalbibliothek verzeichnet diese Publikation in der Deutschen
Nationalbibliografie; detaillierte bibliografische Daten sind im Internet über
http://dnb.dnb.de abrufbar.

© 2021 , Walter de Gruyter GmbH, Berlin/Boston
Umschlaggestaltung: JohnnyGreig / E+ / Getty Images
Satz: le-tex publishing services GmbH, Leipzig
Druck und Bindung: CPI books GmbH, Leck

www.degruyter.com

Vorwort

Employer Branding ist eines der neuen spannenden Themen der Wirtschaftswissenschaften. Wieso erfährt dieses Thema gerade in den letzten Monaten eine so große Bedeutung? Man könnte das Thema schnell vom Tisch wischen und sagen, es ist wohl die Erkenntnis, dass gute Mitarbeiter nicht auf den Bäumen wachsen. Jedes Sprichwort hat zunächst seine Berechtigung. Bei genauerer Analyse stehen wir heute aber vor ganz neuen Herausforderungen. Der sogenannte „War for Talent" hat längst begonnen und scheut sich nicht einmal mehr vor der Begrifflichkeit ‚Krieg' zurück. Waren offene Stellen in den vergangenen Jahren eher ein lästiges Übel, so bedrohen ebendiese Personalengpässe heute den Fortbestand ganzer Unternehmen. Seit langer Zeit wurden zum ersten Mal wieder Budgets des Staats nicht verbraucht, weil die Industrie nicht mehr in der Lage war zu liefern.

In der Stellenerhebung vom Februar 2019 meldet das Institut für Arbeitsmarkt- und Berufsforschung der Bundesagentur für Arbeit (IAB) mit fast 1,5 Mio. offenen Stellen zu Ende 2018 einen neuen Rekord im deutschen Arbeitsmarkt. Von diesen offenen Stellen werden zudem 43 % – also weit über 600.000 Stellen – als schwierig in der Stellenbesetzung eingeschätzt, d. h. deren Besetzungen dauern entweder sehr lange oder sind eventuell gar nicht möglich. Als Hauptgrund für diese Einschätzung als schwierig mit fast 32 % wird „zu wenige Bewerber" genannt. Schon 2011 hatte die Bundesagentur für Arbeit in ihrer Studie „Perspektive 2025: Fachkräfte für Deutschland" eine Senkung des Erwerbspersonenpotenzials um ca. 6,5 Mio. Personen bis zum Jahr 2025 vorausgesagt sowie ein Fehlen von rund 240.000 Ingenieuren bis zum Jahr 2020. Nun sind wir im Jahr 2021 und nicht nur, dass Fachkräfte – nicht nur Ingenieure – von den Unternehmen händeringend und dringender denn jemals zuvor gesucht werden, es ist auch schwieriger geworden, Talente auf dem Arbeitsmarkt, also geeignete Bewerber, zu adressieren und zu überzeugen. In der Studie „Recruiting Trends 2019" des Centre of Human Resources Information Systems (CHRIS) der Universität Bamberg und der Friedrich-Alexander-Universität Erlangen-Nürnberg im Auftrag von Monster ist unter anderem auch nachzulesen, dass 74,3 % der Kandidaten höhere Anforderungen an Unternehmen stellen, um sie als mögliche Arbeitgeber in Betracht zu ziehen. Die Unternehmen, die in ihrer Arroganz glauben, dass sie nach wie vor Bewerber als Bittsteller behandeln können, werden den oben angesprochenen „War for Talent" verlieren. Die Unternehmen, die verstehen, dass man sich mehr denn je um Bewerber bemühen muss und man alles tun muss, um als Arbeitgeber attraktiv zu sein, werden im Kampf um die Talente die Nase vorn haben. Dies gilt auch in Zeiten einer schrecklichen Pandemie und noch mehr in der Zeit danach.

https://doi.org/10.1515/9783110712056-201

Dieses Buch soll Sie davor bewahren, teure Fehler zu machen, Ihnen aktuelle Einblicke in unsere Forschung geben und Ihnen dabei helfen, die richtigen Mitarbeiter für Sie zu gewinnen.

München, den 3. Februar 2021   Prof. Dr. Christian Chlupsa

Prof. Dr. Jürgen Rohrmeier

Inhalt

Teil I: Einführung

Teil II: Aktuelle Forschungen zum Employer Branding

Abbildungsverzeichnis

https://doi.org/10.1515/9783110712056-202

Tabellenverzeichnis

https://doi.org/10.1515/9783110712056-203

Teil I: **Einführung**

Christian Chlupsa

Employer Branding im Kontext von Marketing

Ein Theologe sagte einmal zu mir: „Früher war das Problem, die Hungrigen satt zu bekommen, heute geht es darum, die Satten wieder hungrig zu bekommen." Die entscheidende Frage ist, was bringt uns dazu, morgens aufzustehen und in die Arbeit zu gehen. Dazu gibt es zahlreiche Ansätze und Theorien. Als eine der wertvollsten Ansätze empfinde ich die Theorie von David McClelland und seinen impliziten Motiven. Die Idee, dass es nur wenige unbewusste Motive sind, die als innere Triebfeder in uns wirken (McClelland, 1985, 1987; McClelland et al., 1989). Doch wie können wir Mitarbeiter darüber hinaus noch motivieren und vor allem, wie können wir ‚Fremde' dazu motivieren, mit uns zu arbeiten.

In den vergangenen Jahren konnten es sich die beiden Unternehmensbereiche Personalwesen und Marketing leisten, entspannt nebeneinander herzuarbeiten. Natürlich gab es immer Projekte im ‚Personalmarketing', aber die verschärfte Situation am Arbeitsmarkt zwingt die Führungskräfte jetzt endgültig zum Umdenken.

Dabei kommt vor allem dem Topmanagement eine große Bedeutung zu. Egal ob Großkonzern, Mittelständler oder Kleinunternehmer – das Management muss sichtbar sein. Eigentlich eine simple Botschaft, aber wie viele Manager aus den DAX-Konzernen kennen wir namentlich? Vielleicht Carsten Spohr von der Lufthansa, eventuell den ehemalige Daimler-Chef Dieter Zetsche und einige sicherlich, den vermutlich letzten großen Siemens-Boss, Joe Kaeser. Dann wird es aber meist schnell leise. In unserer nächsten Umgebung geben sich – bis auf die Namensnennung – meist nicht einmal die Inhaber des örtlichen Edeka zu erkennen. Mitarbeiterkommunikation muss immer auch als Markenkommunikation verstanden werden. Und ein wichtiger Teil einer jeden Marke ist eben genau das Management.

Denn erfolgreiche Marken erhalten zahlreiche Bewerbungen. Nicht weil das Employer Branding so brillant ist, sondern weil die meisten Menschen gerne für glanzvolle Marken arbeiten. Unternehmen wie die ARD, BMW oder Porsche erhalten Tausende von Bewerbungen. Kleine und mittelständische Unternehmen gehen häufig leer aus (Esch, 2018). Doch gerade dieser Mittelstand ist es, der Deutschland großartig und einzigartig macht. Mehr als 99 % Prozent sind kleine und mittlere Unternehmen, nur 1 % machen die Großkonzerne aus (Deelmann, 2015).

Das Problem in allen Unternehmen ist häufig die Kluft zwischen Selbst- und Fremdbild. Viele traditionelle Unternehmen können sich nicht vorstellen, dass es Mitarbeiter gibt, die nicht für ‚ihr' Unternehmen arbeiten wollen. Dies bestätigt schon häufig der klassische Aufbau von Personalanzeigen, in denen sich Unternehmen zu Beginn ausgiebig selbst darstellen, gefolgt von den Erwartungen und zuletzt was der potenzielle Mitarbeiter davon hat.

https://doi.org/10.1515/9783110712056-001

Wer seine zukünftigen Mitarbeiter nicht versteht, dem hilft auch das scheinbar ‚allheilende' Internet wenig. Sicherlich sind mittlerweile annähernd alle Europäer im Internet. Nur sind die Bedürfnisse der unterschiedlichen Generationen auch grundlegend verschieden. Und so gilt gerade im Web, dass Menschen ‚nicht von der Seite angemacht werden wollen'. Gerade die junge Generation Z, und damit die Zukunft der Unternehmen, trennt akribisch zwischen Privat- und Geschäftsleben. Eine gut gemeinte Facebook- oder Instagram-Aktion kann ihre Unternehmensreputation in dieser Generation für immer vernichten. Alte Konzepte und landläufige Managerweisheiten laufen heute meist ins Leere.

Häufig sind es die einfachen Dinge, die den Erfolg bringen. Als Wendelin Wiedeking damals Porsche im Tal der Tränen übernahm, empfing er die Mitarbeiter nicht in seinem Büro oder in einem Meetingraum, sondern ging zu ihnen in die Kantine und ans Band. Wir alle sollten lernen bessere Zuhörer zu sein, um die Menschen zu verstehen, die uns umgeben, was ihnen wichtig ist und warum sie stolz darauf sind, bei ‚ihrer' Marke zu arbeiten.

Ein schönes Beispiel ist SAP, die in ihrem Hauptsitz eine kleine Einkaufsstraße einrichteten, um den Mitarbeitern die Möglichkeit zu geben, die Dinge des täglichen Bedarfs vor Ort im eigenen Unternehmen zu erledigen. Die täglichen Sorgen seiner Mitarbeiter ernst nehmen, damit können auch kleine und mittelständische Unternehmen punkten. So führte einer meiner Kunden, Spangler Automation, eine Notfallkinderbetreuung ein. Eltern konnten ihre Kinder einfach in die Arbeit mitbringen. Die Betreuung übernahm dann eine Frau aus dem Ort.

Die Mühen der Personalgewinnung und die Schwierigkeit um die Bindung guter Mitarbeiter sind mir bestens bekannt. Ich hatte selbst 25 Jahre lang eine eigene Werbeagentur in München. Auch für uns war es schwer, sich gegen die örtliche Konkurrenz durchzusetzen. Zum einen gab es da die großen Werbeagenturen wie Serviceplan oder Heye & Partner, die zu dieser Zeit mit Kunden wie BMW oder McDonald's glänzen konnten. Und dann gab es natürlich noch die Marketingjobs in der Industrie. Vor allem BMW und Siemens machten uns das Leben bei der Personalsuche nicht leicht. So versuchten wir natürlich wie jede Agentur mit unseren Kunden zu glänzen. Mit Kempinski, Porsche und eben auch Siemens waren wir gar nicht so schlecht aufgestellt, darüber hinaus betreuten wir über viele Jahre die Diskothek Night-Flight am Münchner Flughafen sowie den damaligen Technotempel, das Alcatraz in Landau an der Isar. Dies machte uns durchaus auch für junge Bewerber interessant. Am Ende waren wir aber eben auch nur eine von 1.200 Werbeagenturen im Münchner Telefonbuch.

Deshalb mussten wir uns schon etwas mehr Mühe geben, um in diesem Haifischbecken zu bestehen. So gingen wir als Recruitingmaßnahme in die Schulen und boten dort kostenlose Workshops an, um Schüler für ein Praktikum oder eine Ausbildung in unserer Werbeagentur zu begeistern. Im Rahmen des Onboardings starteten wir für unsere Neuankömmlinge mit einem Workshop, in dem wir auf die Entstehung, die Historie und unsere Kunden der Agentur eingingen. Besonderen Wert legten wir auch auf die Ausstattung. Ein besonderes Augenmerk lag in unserer Agentur auf Ergonomie und Beleuchtung. Frei nach dem Motto eines ehemaligen GSG-9-Kommandeurs – das beste Material für die besten Mitarbeiter – wurde bei uns nie an Bürostühlen, Tischen oder Equipment gespart. Menschen, die zum Teil zu unmöglichen Zeiten arbeiten mussten, sollten dafür auch einen gewissen Komfort genießen – Cappuccino und Latte macchiato eingeschlossen. Aber auch die Atmosphäre in der Agentur war uns wichtig. Als ein besonderes Highlight empfanden viele Kollegen das gemeinsame Mittagessen. In schlechten Zeiten nannten wir es auch mit einem gewissen Galgenhumor: „das letzte Mittagsmahl". Da die Agentur klein, die Hierarchie flach und die Aufstiegsmöglichkeiten begrenzt waren, gab es eine einfache Devise. Mein Motto war: „Wenn einer im Team besser ist als ich, trete ich beiseite und mache den Frühstücksdirektor", und das war mein Ernst!

Jeden Freitag gab es bei uns eine interne Fortbildung, zu der wir Forscher, Medien, aber auch interessante Menschen einluden, um an den neuesten Entwicklungen teilzuhaben. Einmal im Jahr brachen wir zu unserer Strategietagung auf. Aus einem urigen Hüttenwochenende in den Anfängen der Agentur wurde mit der Zeit ein richtiger Event. Darin stimmte ich mit meinen Kollegen die gemeinsamen Ziele für die Zukunft ab. Wir arbeiteten an unserer Vision, Mission und unserem Slogan: ‚The Power of Communication'. Der alljährliche Spaß war, dass ich mich selbst um diesen Event kümmerte und bis zur Abfahrt nicht bekannt gab, wohin es ging. So kam es einmal dazu, dass sich eine Kollegin plötzlich mit Bergausrüstung im neu eröffneten Adlon-Hotel in Berlin wiederfand, weil sie einen Bergevent vermutete. Wir haben im Adlon übrigens nur etwas getrunken, die Übernachtung wollten und konnten wir uns vermutlich auch gar nicht leisten. Große Teile unserer Strategie entstanden bei diesem Workshop in einem Konferenzabteil im ICE. Kurz nach dem Millennium schafften wir es mit unserer Agentur sogar ins Fernsehen. Der Bayerische Rundfunk machte uns zum Vorzeigeunternehmen im Rahmen der Aktion ‚Die Mutmacher'.

Doch, wie der Inhaber der Gmunder Büttenpapierfabrik Florian Kohler richtigerweise einmal gesagt haben soll: „Firmengeschichte ist etwas für den Stammtisch. Zukunft wird heute gemacht", stellt sich die Frage: Welche Anforderungen haben wir für die Zukunft auf der Agenda? Das Employer Branding wird sich sehr schnell, grundlegend neu aufstellen müssen, um noch detaillierter auf die Bedürfnisse der einzelnen Mitarbeiter aus den verschiedenen Generationen einzugehen. Die noch häufige praktizierte 08/15-Abwicklung von Mitarbeitern wird in Zukunft nicht mehr funktionieren. Dazu darf ich Sie an unseren Personalexperten und meinen geschätzten Kollegen Professor Jürgen Rohrmeier im nächsten Kapitel übergeben.

Jürgen Rohrmeier
Employer Branding im Kontext von Personalmanagement

Wir schreiben das Jahr 2020 und es herrscht Krieg. Leider gibt es auf dieser Welt immer noch Regionen, wo tatsächlich Krieg herrscht, Gewalt, Unterdrückung und viel anderes Leid. Deshalb muss man sehr vorsichtig sein im Umgang mit diesem Wort – in einem doch vergleichsweise harmlosen Zusammenhang: der Suche nach Mitarbeitern. Aus diesem Grund wird der von McKinsey Ende der 1990er-Jahre geprägte Ausdruck „War for Talent" (Chambers et al., 1998; Michaels et al., 2001) zu Recht auch kritisch gesehen. Für die deutsche Wirtschaft ist der aktuelle Zustand der zunehmenden Talentverknappung allerdings nicht wirklich harmlos. Mit 1,46 Mio. offenen Stellen zu Ende 2018 ist McKinseys viel zitierter und heiß diskutierter „War for Talent" tatsächlich im vollen Gange (IAB, 2019). Für die Mehrheit deutscher Unternehmen ist die Besetzung offener Stellen, der Mangel an Verfügbarkeit des für den Erfolg und das weitere Wachstum des Unternehmens notwendigen Talents, neben der Digitalisierung, zur größten Herausforderung geworden (Deloitte, 2018). Dies zieht sich mittlerweile durch alle Branchen und Funktionen, vom kleinen Handwerksbetrieb, der Arztpraxis, Pflegeeinrichtungen über mittelständische Unternehmen bis hin zu den Konzernen. Es werden Handwerker, Pflegekräfte, Facharbeiter genauso dringend, oder gar verzweifelt, gesucht wie IT-Spezialisten, Ingenieure, Anwälte und Berater. Laut dem Statista-Fachkräfteindex vom Februar 2019 hat sich z. B. der Bedarf an Pflegekräften im Vergleich zum Durchschnitt des Jahres 2013 fast verdreifacht. Der Bedarf an Fachkräften mit IT- oder naturwissenschaftlichem Hintergrund ist um 60 % gestiegen und der Bedarf bei technischen Berufen und Ingenieuren um ca. 40 % (Statista, 2019). An dieser Situation wird sich auch über Fachkräfte aus dem Ausland nichts verändern, im Gegenteil, die Situation wird sich noch weiter verschärfen.

Allerdings gibt es immer noch Unternehmen, die sich zwar nicht unbedingt wirklich leicht tun Stellen zu besetzen oder zumindest mit potenziellen Kandidaten ins Gespräch zu kommen, aber immerhin deutlich leichter als andere Unternehmen. Diese Unternehmen haben einen großen Vorteil: Sie verfügen über eine starke Marke. Sie sind in interessanten Branchen tätig, haben attraktive Produkte oder Dienstleistungen anzubieten oder beschäftigen sich mit innovativer Technologie. Unternehmen wie Google, Microsoft, Salesforce oder auch Audi, BMW, Daimler u. a. sind so bekannte – und im Falle der Automobilunternehmen trotz Dieselskandals und Elektromobilitätsdiskussion nach wie vor – attraktive Marken, dass sie jederzeit Bewerber einfach nur über die Produktmarke, die gleichzeitig die Unternehmensmarke ist, erreichen.

https://doi.org/10.1515/9783110712056-002

Was aber, wenn man ein mittelständisches, inhabergeführtes Unternehmen ist, ohne eine starke Produktmarke im Rücken zu haben? Ein Problem im Kampf um die Talente ist, dass der Wettbewerb um diese Talente, sei es in der Gewinnung neuer Mitarbeiter als auch in der Bindung vorhandener Mitarbeiter, ein anderer ist als der Wettbewerb im Produkt- oder Dienstleistungsbereich. So ein Unternehmen könnte beispielsweise in Ingolstadt angesiedelt sein. Dann wird es unweigerlich und automatisch auf dem Arbeitsmarkt mit dem mit Abstand dominantesten Arbeitgeber der Region in Wettbewerb stehen, nämlich Audi. Dazu muss es auch gar nicht in irgendeiner Form mit der Automotive-Industrie zu tun haben, sondern kann z. B. ein Unternehmen im Bereich der Haustechnik sein. Unabhängig davon, dass seit 2019 die Situation bei Audi wegen der Dieselaffäre etwas angespannt ist, wird Audi als extrem dominanter Arbeitgeber dennoch weiterhin der Hauptfokus allen Talents, von Auszubildenden bis zu qualifizierten Fach- und Führungskräften, in der Region sein. Wenn so ein Unternehmen nun erfolgreich ist und wachsen möchte oder gar muss, wird es sich schwertun, offene Stellen zu besetzen (insgesamt 200 in diesem speziellen Fall). Was kann so ein Unternehmen also tun, um den Erfolg des Unternehmens nicht durch den Mangel an Mitarbeitern zu gefährden?

Hier kommt nun der inzwischen fast schon magische Begriff „Employer Branding" ins Spiel, der von Simon Barrow und Tim Ambler Ende der 1990er-Jahre geprägt wurde (Ambler & Barrow, 1996). Es gibt inzwischen zahlreiche Publikationen zu diesem Thema (Brökermann & Pepels, 2002; Petkovic, 2008; Schuhmacher & Geschwill, 2008; Stotz & Wedel-Klein, 2013; Trost, 2009; Wiese, 2005 u. a.) und sogar eine Deutsche Employer Branding Akademie (www.employerbranding.org). Auch Definitionen und Beschreibungen dieses Begriffs gibt es zahlreiche. Alle haben dabei eines gemeinsam: Es geht immer um die Erweiterung des klassischen Personalmarketings um Maßnahmen zur Etablierung und Steigerung der Attraktivität des Unternehmens als Arbeitgeber.

Aber ob man nun die offizielle Definition der Deutschen Employer Branding Akademie verwendet:

> Eine Employer Brand (Arbeitgebermarke) ist das in den Köpfen der potentiellen, aktuellen und ehemaligen Mitarbeiter fest verankerte, unverwechselbare Vorstellungsbild eines Unternehmens als Arbeitgeber (Stotz & Wedel-Klein, 2013, S. 5),

... oder die Originaldefinition von Ambler und Barrow:

> Employer Brand is the package of functional, economic and psychological benefits provided by employment, and identified with the employing company. The main role of the employer brand is to provide a coherent framework for management to simplify and focus priorities, increase productivity and improve recruitment, retention, and commitment (Ambler & Barrow, 1996, S. 187),

... so richtig klar wird der Geschäftsführung oder der Personalleitung unseres mittelständischen Beispielunternehmens dadurch auch nicht, welche Maßnahmen zu ergreifen sind.

Natürlich gibt es verschiedene Lösungsansätze auch außerhalb des direkten Themas Unternehmensmarke:

1. Personalbindung:
Wenn es schon so schwer ist, Stellen zu besetzen, wäre es hilfreich, nicht auch noch das vorhandene Talent zu verlieren. Maßnahmen zur Bindung des eigenen Personals werden gerne mit dem Begriff Retentionsmanagement zusammengefasst. Leider kann man sich noch so um seine Mitarbeiter bemühen, ganz vermeiden lässt sich Fluktuation nicht – und schon gar nicht im aktuellen Arbeitsmarkt. Allerdings kann man das Thema Personalbindung nicht wirklich vom Thema Employer Branding bzw. Arbeitgeberattraktivität lösen, da die Attraktivität als Arbeitgeber, also die Arbeitgebermarke, grundsätzlich genauso nach innen wie nach außen wirkt. Je attraktiver man als Arbeitgeber ist, desto höher ist die Wahrscheinlichkeit einer besseren Personalbindung. Allerdings hilft Personalbindung nicht für das Begleiten von Wachstum über das Steigern der Mitarbeiterzahl.

2. Geld:
Einfach mehr zu bezahlen als andere Unternehmen kann zwar manchmal in Einzelfällen helfen, ist aber langfristig kein empfehlenswerter Ansatz, da sehr teuer und nicht ohne Konfliktpotenzial wegen des möglichen Verletzens interner Strukturen. Es gibt am Ende Grenzen was ein Unternehmen in neue Talente investieren kann und sollte, v. a. auch im Hinblick auf die eigenen Mitarbeiter. In dem Beispielfall des mittelständischen Unternehmens aus Ingolstadt wäre dies im Wettbewerb mit Audi eh ein sinnloses Unterfangen.

3. Personalbeschaffung/Recruitment:
Außerdem kann ein Unternehmen natürlich auch seine Bemühungen in der Personalbeschaffung ausweiten und in möglichst viele Rekrutierungskanäle und -methoden investieren. Das macht sicherlich Sinn, vor allem wenn man über die ganz klassischen Personalbeschaffungsmethoden hinaus geht und andere zusätzliche, eher innovative Wege geht, wie z. B. Social-Media-Recruiting bzw. Active Sourcing, webgestützte Interaktion mit Kandidaten (E-Recruiting), Bewerberbeziehungsmanagement über intelligente Datenbanken, KI-gestützte Personalsuche und -auswahl, Gamification u. a. Nur kann das sehr teuer und aufwendig werden. Viele, auch mittelständische Unternehmen versuchen aber schon möglichst vielfältige Optionen umzusetzen und alles an verfügbaren Rekrutierungsmaßnahmen zu nutzen – mit zum großen Teil eher mäßigem Erfolg. Natürlich ist auch immer die Zusammenarbeit mit Personalberatern eine Option, insbesondere wenn Personalberater Kompetenz und Erfahrung im jeweiligen Umfeld der Funktion und/oder Branche mitbringen und auch mit innovativen Ideen und Instrumenten arbeiten. Hier liegt das Problem allerdings darin, die richtige Entscheidung zu treffen, d. h. eine Personalberatung zu finden, der man vertrauen kann (Rohrmeier et al., 2019).

4. Weitere Möglichkeiten:

Es gibt noch eine ganze Reihe weiterer Maßnahmen, die zur Gewinnung und Bindung von Mitarbeitern eingesetzt werden können. Der Umgang mit den „Silver Citizens", also den „Senioren"-Mitarbeitern, die man noch in den 1990er-Jahren versucht hat, über Frühverrentung und andere Maßnahmen aus dem Unternehmen zu entfernen, hat eine neue Qualität bekommen. Über Reverse-Mentoring und Lerntandems versucht man z. B. die Zusammenarbeit zwischen jüngeren und älteren Mitarbeitern zu verbessern und ältere Mitarbeiter mit den Anforderungen neuer Technologien vertraut zu machen. Heutzutage versuchen Unternehmen sogar zunehmend Rentner, also bereits aus dem Berufsleben ausgeschiedene Mitarbeiter, wiedereinzustellen. Die Reintegration von Frauen, die beispielsweise aus Gründen der Kindererziehung nicht mehr ins Berufsleben zurückgekehrt sind, gehört auch in diese Kategorie. Darüber hinaus gibt es noch viele Überlegungen die Arbeitgeberattraktivität zu verbessern, die ja bekanntlich sowohl nach innen wie nach außen wirkt. Nachhaltigkeit, soziale Verantwortung, Umweltbewusstsein, Kinderbetreuung, Vertrauensarbeitszeit, Flexibilität in Arbeitsort und -zeit, Gesundheitsmanagement, Diversität und Well-Being-Programme seien als Beispiele genannt.

Diese Einflussfaktoren auf die Wahrnehmung des Unternehmens als Arbeitgeber werden gerne Determinanten der Arbeitgeberattraktivität genannt und im sog. Personalmarketingmix, analog zum berühmten 4P-Marketing-Mix-Modell, zusammengefasst dargestellt (Brökermann & Pepels, 2002). Sie haben alle eines gemeinsam: Sie können tatsächlich alle zu den Maßnahmenpaketen des Employer-Branding-Managements gerechnet werden.

Welche Überlegungen zu Lösungsmöglichkeiten es in Unternehmen auch gibt, sie führen daher unweigerlich zurück zum Thema Employer Branding. Klar ist: Wenn die Unternehmensmarke bekannt ist, stark und positiv belegt ist und sich im Idealfall eine attraktive Produktmarke mit der Unternehmensmarke verbindet, hat dies eine signifikant positive Auswirkung auf den Employer Brand, auf die Attraktivität des Unternehmens als Arbeitgeber – und damit auf Personalbeschaffung und Personalbindung. Employer Branding heißt also, sich als Unternehmen so im Arbeitsmarkt zu positionieren, dass man als attraktiver Arbeitgeber wahrgenommen wird. Diese Wirkung wird sowohl im Innen- wie im Außenverhältnis erzielt werden, da ja auch die eigenen Mitarbeiter diese Wahrnehmung erfahren werden. Als Folge davon ist das Unternehmen dann gleichermaßen für Bewerber als auch für die eigenen Mitarbeiter attraktiv. Dies hilft dem Unternehmen über ausreichendes Talent zu verfügen, um den Unternehmenserfolg zu sichern.

Was macht ein Unternehmen aber attraktiv?

Die einfache Antwort darauf ist: indem das Unternehmen Bewerbern und Mitarbeitern das anbietet, was sie von einem Unternehmen als Arbeitgeber und dem Arbeitsumfeld erwarten, was sie motiviert, engagiert und emotional an das Unternehmen bindet (Gallup, 2018). Im Falle unseres Beispiels aus Ingolstadt beinhaltet der Maßnahmenkatalog ein ausgeprägtes Sozial- und Umweltengagement, Kunstförderung, Investitionen in Familienfreundlichkeit, Arbeitsflexibilisierung, Gesundheit und Weiterbildung sowie eine bereits mit der Auszeichnung „Ausbildungschampion" belohnte eigene Ausbildungs-GmbH mit Einstellungsgarantie. Den Unternehmen steht eine Vielzahl an Handlungsmöglichkeiten zur Verfügung, für welche man sich aber entscheidet, ist abhängig von vielen Faktoren (Unternehmensgröße, Standort, Branche, Corporate Image oder Produktbrand u. v. m.). Hinzu kommt, dass Bewerber und Mitarbeiter nicht gleich sind. Menschen sind in unterschiedlichen Lebensphasen, haben unterschiedliche Motivstrukturen, Interessen, Bedürfnisse und Sozialisierungshintergründe und kommen aus unterschiedlichen Kulturen. Jetzt wird es etwas komplex, denn Individualisierung ist bei Betriebsräten und in Personalabteilungen nicht unbedingt besonders geschätzt, weil sehr aufwendig und durch gesetzliche Bestimmungen stark reglementiert.

Eine Möglichkeit, Ordnung in dieses vermeintliche Chaos zu bringen, ist die Einteilung der Menschen in Generationskohorten. Hierbei nimmt man an, dass über kritische Ereignisse sowie kulturelle, gesellschaftliche und politische Gegebenheiten einer Zeitperiode kollektive Erfahrungen der Gruppe der in etwa Gleichaltrigen (= Kohorte) gemacht werden. Wenn solche Ereignisse und Erfahrungen in den wichtigen Sozialisierungsphasen im späten Kindheits-, Jugend- bis frühen Erwachsenenalter, einschließlich der hier sehr wichtigen formativen Phase zwischen dem 18. und 25. Lebensjahr, stattfinden, kann dies zu bestimmten Prägungen in Wertvorstellungen, Interessen, Vorlieben, Verhaltensmustern und Erwartungen führen (Brademann & Piorr, 2018). Diese Generationen werden ab dem 20. Jahrhundert üblicherweise in Zeitfenstern von ganz grob 15–20 Jahren zusammengefasst. Die sog. Babyboomergeneration (1946–1964) wird die Unternehmen aktuell und in den nächsten Jahren in großer Zahl in die Rente verlassen. Die nachfolgende Generation wird mit Generation X bezeichnet oder manchmal auch als Generation Golf (1965–1980). Darauf folgt die Generation Y (1981 bis ca. 1995), gerne auch als Digital Natives oder Millennials bezeichnet. Die derzeit jüngste, für Unternehmen relevante Generation ist die Generation Z (ca. 1996–2015).

Diese Einteilung ist eine Zusammenfassung einer Vielzahl von Publikationen in Büchern und Zeitschriften, die hier nicht alle referenziert werden können.[1] Es muss nicht extra erwähnt werden, dass die Beschreibung von Bedürfnissen, Erwartungen, Denk- und Verhaltensweisen in Generationskohorten eine unglaublich grobe Verall

---

[1] Beispiele: Berkup, S. B. (2014) Working With Generations X And Y In Generation Z Period: Management Of Different Generations In Business Life, *Mediterranean Journal of Social Sciences*, Vol. 5, No. 19, pp. 218–229; Erickson, T. (2010) *What's Next, Gen X? Keeping Up, Moving Ahead, and Getting the Career You Want*, Boston: Harvard Business School Publishing, S. 45; Fry, R. (2018) *Millennials projected to overtake Baby Boomers as America's largest generation*, PewResearch Center, www.pewresearch.org/fact-tank/2018/03/01/millennials-overtake-baby-boomers/.

gemeinerung bzw. Stereotypisierung ist. Natürlich gibt es in jeder Generation große individuelle Unterschiede und viele andere gesellschaftliche, regionale und lokale Einflussfaktoren auf Einstellungen und Verhalten, wie z. B. Kultur, Wohlstand, Bildung, Arbeitsmarkt und Elternhaus. Aber zur Vereinfachung der Komplexität ist die Einteilung in Generationen ein gern genommenes Hilfsmittel, insbesondere da wir derzeit die einzigartige, noch nie dagewesene Situation von vier Generationen Arbeitnehmern gleichzeitig in den Unternehmen haben – und das noch einige Jahre!

Wenn ein Unternehmen nun also Maßnahmen überlegt und plant, um sich als attraktiver Arbeitgeber zu positionieren, lohnt es sich, sowohl einen Blick auf generationsspezifische Anforderungen zu werfen als auch generationsübergreifende Aspekte zu berücksichtigen. Hier kommt der im Marketing so allgegenwärtige Begriff der Zielgruppe ins Spiel. Bevor man Employer Branding umsetzen will – das gilt für alle Facetten von Recruiting oder Personalmarketing –, muss sich das entsprechende Unternehmen über die Zielgruppe im Klaren sein: Geht es um externe Bewerber und/ oder um die eigenen Mitarbeiter, welche Berufsgruppen und Qualifikationen sollen angesprochen werden und welcher Generation gehört die definierte Zielgruppe an? Es gibt generations- und berufsübergreifende Aspekte: Jeder Mensch möchte mit Achtung und Wertschätzung behandelt werden, möchte finanziell akzeptabel und fair entlohnt werden und einer interessanten Tätigkeit nachgehen. Wenn man dem guten alten Maslow glaubt, so haben wir alle auch das Bedürfnis nach Sicherheit, Geborgenheit, Zugehörigkeit, Anerkennung und Entwicklung (Maslow, 1981). Betrachtet man nun die verschiedenen Generationen, so mag es durchaus Unterschiede in den Ausprägungen dieser Bedürfnisse als auch in zusätzlichen Aspekten geben.

Die Generationssicht ist also zum Teil gefährlich, denn die starke Verallgemeinerung ist genauso notwendig wie bedenklich. Es besteht auch durchaus Uneinigkeit in der zeitlichen Zuordnung der Generationen in den zahlreichen Publikationen. Bei der jüngsten unternehmensrelevanten Generation, für die sich die eingeschränkt kreative Bezeichnung Generation Z durchgesetzt hat, gibt es immer noch das Problem unzureichender Daten und Erfahrungen bzgl. des Berufslebens. Es gibt zwar schon seit einigen Jahren Publikationen, die tiefschürfende und durchaus sehr detaillierte Erkenntnisse über die Erwartungen und das Verhalten der Generation Z im Berufsleben propagieren – diese sind aber mit großer Vorsicht zu „genießen". Wenn z. B. Christian Scholz in seinem bereits 2014 erschienenen Buch über die Generation Z in ausführlichen und anschaulichen Details erklärt, was von dieser Generation im Berufsleben zu erwarten ist – zu einem Zeitpunkt, wo die ältesten Vertreter dieser Generation gerade mal allerhöchstens 19 Jahre alt waren –, so ist das doch mit Skepsis zu bewerten (Scholz, 2014).

Inzwischen gibt es aber neue Erkenntnisse und erste Erfahrungen, die auch aus Unternehmenssicht nutzbare Einblicke zulassen. Ein Beispiel sind die sog. „Influencer", also Youtuber und Blogger, die über das Internet in ihren eigenen Social-Media-Kanälen Zigtausende von gleichaltrigen und jüngeren Followern adressieren und beeinflussen. Dies ist in der Tat ein ganz besonderes Phänomen der auf die Generation

Y folgenden Generation(en). Natürlich gab es schon immer Menschen, die viele andere Menschen in ihrem Verhalten beeinflusst haben, z. B. in modischen Fragen, aber diese neuen Influencer sind in einer ganz anderen Kategorie, die nur durch das Internet, durch Social Media, Instagram oder Youtube überhaupt erst möglich geworden ist. Hat nun ein Unternehmen als Arbeitgeber diese Zielgruppe definiert, sollte man sich auf diese Erkenntnisse einstellen. Das gilt schon mal grundsätzlich aktuell für alle Unternehmen, die Auszubildende suchen. Vielleicht muss ein Recruiter so eines Unternehmens künftig als Influencer auftreten, wobei die Präsenz in und das Nutzen von verschiedenen Social-Media-Kanälen und Youtube sowieso auch jetzt schon im Recruiting vorausgesetzt werden müssen. Des Weiteren ist die Kooperation mit tatsächlichen Influencern denkbar. Auch die Themen, die sich in Erwartungshaltungen der Bewerber widerspiegeln, verändern sich generationsspezifisch und über derartige Influencer. Die Themen Nachhaltigkeit und Umweltbewusstsein haben inzwischen einen deutlich höheren Stellenwert bekommen als noch vor ein paar Jahren.

Ein besonderes Augenmerk liegt dabei auch auf dem Thema Diversität. Je besser ein Unternehmen Offenheit für und die Fähigkeit zur Integration verschiedener Altersgruppen, Geschlechter oder auch Menschen unterschiedlicher sexueller Identität und vor allem Menschen aus unterschiedlichen Kulturen glaubhaft darstellen kann, desto mehr Vorteile wird es im Kampf um die Talente haben.

So gibt es also offensichtlich generationsspezifische und generationsübergreifende Aspekte, auf die man sich als Unternehmen einstellen muss, um die jeweilige Zielgruppe als attraktiver Arbeitgeber anzusprechen. Auch wenn viele Elemente des Employer Branding generationsübergreifend gültig sind, ist es dennoch interessant, über aktuelle Studien und Artikel etwas mehr Einblick und Hintergrundinformationen zu bekommen, wie man sich als Arbeitgeber in den diversen Generationen, sprich Zielgruppen, positionieren muss, um als attraktiv wahrgenommen zu werden, um im Kampf um die Talente nicht gänzlich als Verlierer vom Platz zu gehen und damit den Unternehmenserfolg zu gefährden.

Deshalb wünsche ich viel Spaß sowie interessante und nützliche Erkenntnisse und Einblicke beim Lesen der folgenden Kapitel.

Teil II: **Aktuelle Forschungen zum Employer Branding**

Anna Siegel

Employer Branding
im Kontext der Generation Z

Die Persönlichkeitscharakteristika der Nachwuchsgeneration

https://doi.org/10.1515/9783110712056-003

1 Problemstellung und Zielsetzung

Positioning by Opening the Consumer's Mind. (Parker & Churchill, 1986)

Anhand dieses Zitates wird deutlich, dass für eine erfolgreiche Markenpositionierung Kenntnisse über die Persönlichkeit der Zielgruppe unerlässlich sind. Individuelle Vorstellungen und Bedürfnisse der Konsumenten sind ausschlaggebend für die erfolgreiche Stellung einer Marke (Esch, 2012). Employer Branding formt einen Arbeitgeber zu einer Marke, welche zukünftige Mitarbeiter anziehen sowie derzeitige an das Unternehmen binden soll (Gaiser et al., 2005). Demnach ist es für das Entwickeln einer starken Arbeitgebermarke essenziell zu wissen, welche Faktoren für potenzielle Arbeitnehmer als attraktiv gelten. Die zukünftig auf dem Arbeitsmarkt vertretenen Nachwuchskräfte gehören unter anderem der Generation Z an und wurden somit etwa zwischen 1995 und 2010 geboren (Landes & Steiner, 2013). Für die jüngsten Vertreter dieser Generation mag der Eintritt in das Berufsleben noch weit entfernt liegen, viele jedoch haben bereits ihre Schullaufbahn absolviert und sind schon in ihrer ersten Arbeitsstelle oder sind auf der Suche nach einem Arbeitgeber, der ihren Wünschen gerecht werden kann. Um als potenzieller Arbeitgeber für Nachwuchskräfte attraktiv sein zu können, appellieren verschiedene Studien an Unternehmen, die Bedürfnisse der Zielgruppe rechtzeitig zu erkennen und zu befriedigen. Vor dem Hintergrund von Generationswechseln und einer damit verbundenen Verschiebung von Werten und Wünschen der Arbeitnehmer sollten Unternehmen die Botschaft ihrer Arbeitgebermarke zeitgemäß überarbeiten und gegebenenfalls anpassen. Es besteht sonst die Gefahr, dass sich Unternehmen auf dem einst erfolgreichen Konzept ihres Employer Branding ausruhen und die veränderte Wertehaltung der nachrückenden Zielgruppe plötzlich nicht mehr zu der kommunizierten Wertehaltung des Unternehmens passt. Demnach ist es für Unternehmen unerlässlich, Veränderungen und Trends im Umfeld frühzeitig aufzuspüren und dynamisch darauf einzugehen. Das Ziel dieser Untersuchung war der Kenntnisgewinn über die Generation Z als derzeit jüngste Generation auf dem Arbeitsmarkt. Aufbauend auf generationsspezifischen Werten und Persönlichkeitscharakteristika sollen Handlungsempfehlungen im Hinblick auf ein zielgruppenansprechendes Employer Branding abgeleitet werden. Dies setzt voraus, einen möglichst intensiven und ehrlichen Einblick in die Persönlichkeit der derzeit 9- bis 25-Jährigen zu erhalten. Mithilfe einer Kurzversion des vielfach international eingesetzten Persönlichkeitstests NEO-FFI wurden über 1.500 Probanden der Generation Z online befragt. Darüber hinaus wurden drei Tiefeninterviews durchgeführt, um eine tiefergehende Analyse zu gewährleisten.

2 Thematischer Hintergrund

2.1 Das Generationskonzept

In der Soziologie wird eine Generation definiert als „die Gesamtheit von Menschen ungefähr gleicher Altersstufe mit ähnlicher sozialer Orientierung und einer Lebensauffassung, die ihre Wurzeln in den prägenden Jahren einer Person hat" (Mangelsdorf, 2015). Die Prägung einer Person findet primär in der Kindheit, der Jugend und während der Zeit des frühen Erwachsenenalters statt. In dieser Phase sind Menschen am motiviertesten, ihr Wertesystem zu verändern und sich neu zu orientieren (Popp, 2018). Aktuelle Geschehnisse in der Politik und der Gesellschaft sind ausschlaggebend für eine Prägung von Wertehaltungen und Einstellungen (Mangelsdorf, 2015). Die Abbildung 1 zeigt wichtige Ereignisse und Konstellationen in der formativen Phase der jeweiligen Generationen. Hierbei wird für den Anfang des jeweiligen Zeitrahmens das 13. Lebensjahr des ältesten Mitglieds der jeweiligen Generation unterstellt. Somit beginnt beispielsweise für einen 1995 Geborenen die formative Phase ab 2008 (Klaffke, 2014).

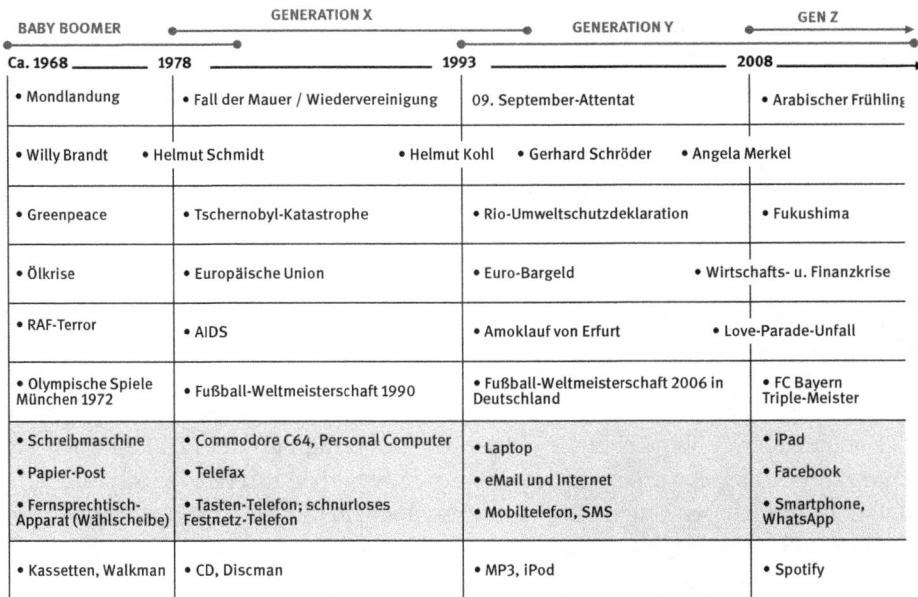

BABY BOOMER	GENERATION X	GENERATION Y	GEN Z
Ca. 1968 — 1978	1993		2008
• Mondlandung	• Fall der Mauer / Wiedervereinigung	09. September-Attentat	• Arabischer Frühling
• Willy Brandt • Helmut Schmidt		• Helmut Kohl • Gerhard Schröder	• Angela Merkel
• Greenpeace	• Tschernobyl-Katastrophe	• Rio-Umweltschutzdeklaration	• Fukushima
• Ölkrise	• Europäische Union	• Euro-Bargeld	• Wirtschafts- u. Finanzkrise
• RAF-Terror	• AIDS	• Amoklauf von Erfurt	• Love-Parade-Unfall
• Olympische Spiele München 1972	• Fußball-Weltmeisterschaft 1990	• Fußball-Weltmeisterschaft 2006 in Deutschland	• FC Bayern Triple-Meister
• Schreibmaschine	• Commodore C64, Personal Computer	• Laptop	• iPad
• Papier-Post	• Telefax	• eMail und Internet	• Facebook
• Fernsprechtisch-Apparat (Wählscheibe)	• Tasten-Telefon; schnurloses Festnetz-Telefon	• Mobiltelefon, SMS	• Smartphone, WhatsApp
• Kassetten, Walkman	• CD, Discman	• MP3, iPod	• Spotify

Abb. 1: Entwicklung in der formativen Phase der Generation
(Quelle: Eigene Darstellung nach Klaffke, 2014, S. 15)

2.1.1 Generation Z

Die Rahmenbedingungen für die Generation Z in Deutschland sind überdurchschnittlich gut. Die Gesellschaft ist von materiellem Überfluss geprägt, es herrscht politische Stabilität und größtenteils Wohlstand. Das Bildungsangebot ist groß und den persönlichen Entwicklungswünschen sind nahezu keine Grenzen gesetzt. Dennoch werden, ähnlich wie bei der Generation X, die Nachrichten häufig durch Krisen bestimmt. Konflikte durch die Globalisierung, Finanzkrisen, Terrorismus, Umweltkatastrophen und ganz aktuell eine Pandemie sind dabei nur einige Themen (Mangelsdorf, 2015). Durch ständige mediale Erreichbarkeit sieht sich die Generation Z permanent mit diesen Krisen konfrontiert. Nachrichten werden beinahe minutenaktuell via Push-up-Benachrichtigungen auf mobile Endgeräte übermittelt. Der Autor des Buches „Generation Z", Christian Scholz (2014), beschreibt die Generation Z als komplett anders als ihre Vorgänger. Die Nachwuchsgeneration besitze ein faszinierend anderes Wertemuster, das sie deutlich von anderen Generationen unterscheidet. Stacy Wood (2013), Marketingprofessorin an der North Carolina State University, vertritt die Ansicht, dass die Generation Z eine gewisse Bequemlichkeit aufweist. Dies bezieht sich sowohl auf bestimmte Produkte (Fertiggerichte, mobile Endgeräte) als auch ihre Beschaffung, etwa durch Amazon Prime. Des Weiteren werden Nachrichten und wichtige Eilmeldungen in einer komprimierten Version in Form von Push-Mitteilungen an Smartphones gesendet. Das bewusste Auffinden der Nachrichten ist somit nicht mehr nötig (Wood, 2013). Ebenso wird die Generation Z mit einer Neigung zur Realitätsflucht in Verbindung gebracht. Der vielfältige Konsum von Video- und PC-Spielen, Smartphones sowie Social Media deutet darauf hin, dass etliche Jugendliche gerne der Realität entfliehen und sich häufig in eine virtuelle Welt begeben (Wood, 2013).

2.1.1.1 Recruiting im Zeitalter der Generation Z

Das herkömmliche Recruiting via Stellenanzeigen und Zeitungsannoncen verliert vor dem Hintergrund der Bedürfnisse der Generation Z an Attraktivität. Die Digital Natives haben genaue Vorstellungen, was den Auftritt ihres potenziellen Arbeitgebers angeht. In erster Linie möchte die junge Generation digital – im Idealfall über das Smartphone – angesprochen werden. Da gegenwärtig bereits eine Vielzahl digitaler Tools existiert, müssen Unternehmen sich nur noch für das Richtige entscheiden. Social-Media-Plattformen, Messenger, Onlineforen sowie Recruiting-Apps sind nur einige wenige von vielen Möglichkeiten.

Mobile Kommunikation bedeutet auch zeitnahe Kommunikation. Aktuell werden 90 % aller Textnachrichten in den ersten drei Minuten nach Empfang gelesen (Icims, 2018). Die Generation Z ist eine rasche Kommunikation im Alltag gewohnt. Medien wie WhatsApp, Messenger oder Social-Media-Plattformen erlauben eine unmittelbare, direkte Kommunikation zu jeder Zeit und von jedem Ort aus. Authentizität und Glaubwürdigkeit sind, nicht nur für die Generation Z, im Rahmen des Recruitings zentrale Faktoren. So zeigt eine jüngst erschienene Studie, dass sich das proaktive Schaffen von gegenseitigem Vertrauen insbesondere in der Personalberatung Erfolg versprechend auswirkt. Diese Tatsache sollte ebenso für das Employer Branding berücksichtigt werden. So kann beispielsweise schon bei der Gestaltung von Kontaktpunkten (Homepage, Broschüren, Präsentationen) darauf geachtet werden, dass Aspekte von wahrgenommener Vertrauenswürdigkeit verwendet werden (Rohrmeier et al., 2019).

2.1.2 Kritik

Laut dem Arbeitspsychologen Hannes Zacher von der Universität Leipzig ist das Generationsmodell kritisch zu betrachten. Er ist der Ansicht, dass generationsspezifischen Stereotypen zu viel Bedeutung zugewiesen wird, und betont, dass es für Unterschiede zwischen Generationen bezüglich Werte, Einstellungen und auch Verhaltens keine wissenschaftlichen Beweise gibt (Rauvola et al., 2018). Zacher kritisiert, dass die Zeitspannen der Geburtsjahrgänge, welche eine Generation definieren, willkürlich gesetzt sind und darüber hinaus in verschiedenen Studien voneinander variieren. Des Weiteren werden Menschen einer Generation bisher meist nur zu einem Zeitpunkt befragt. Zacher vertritt die Ansicht, dass, um fundierte Aussagen treffen zu können, die Probanden über einen längeren Zeitraum wissenschaftlich begleitet und befragt werden sollten. Zacher konstatiert, dass im schlimmsten Fall Generationslabels und verallgemeinernde Merkmalszuschreibungen Diskriminierung und Ausgrenzung fördern. Unterschiede hinsichtlich Werte und Einstellungen seien altersbezogene Veränderungen, nicht aber abhängig von einer bestimmten Generation (Rauvola et al., 2018).

2.2 Employer Branding

Der Begriff Employer Branding setzt sich aus den Worten Employer (Arbeitgeber) und Branding (Markenbildung) zusammen und ist somit als Bildung einer Arbeitgebermarke zu verstehen. „Die Grundidee beim Employer Branding ist also (...) die Idee einer Marke für den Arbeitgeber" (Gaiser et al., 2005, S. 476).

Employer Branding macht einen Arbeitgeber zu einer Marke, die zukünftige und derzeitige Angestellte anziehen und an ein Unternehmen binden soll (Gaiser et al., 2005). Außerdem zielt das Employer Branding darauf ab, das eigene Unternehmen zu einem „Employer of Choice" zu formen, also zu einem Arbeitgeber, der mit einer bestimmten Branche zuerst in Verbindung gebracht wird. Ein gutes Beispiel hierfür ist in der IT-Branche die Firma Google sowie in der Automobilindustrie die Marke BMW. Die zentralen Vorteile eines „Employer of Choice" liegen darin, dass sich Talente leichter gewinnen und halten lassen sowie diese leichter zu motivieren sind (Holste, 2012).

2.2.1 Influencer-Marketing

Das Influencer-Marketing zielt auf eine direkte Absatzsteigerung und auf Brand Building ab. Des Weiteren profitieren Unternehmen von der Reichweite sowie der erhöhten Aufmerksamkeit, welche durch Influencer generiert werden können (Schach & Lommatzsch, 2018). Das „Prinzip Meinungsmacher" fand bereits weit vor dem Aufleben der sozialen Medien Anklang. Bereits 1760 ließ Josiah Wedgwood, der Gründer der Porzellanmanufaktur Wedgwood, die britische Königsfamilie für seine Produkte werben und erzeugte somit entsprechende Begehrlichkeiten in der Bevölkerung (Jahnke, 2018). In den 1980er- und 1990er-Jahren beeinflussten meist Personen des öffentlichen Lebens – insbesondere Schauspieler, Sänger oder Sportler – die Werbung. Berühmte Persönlichkeiten warben in der Fernsehwerbung, auf Plakaten, Litfaßsäulen sowie im Radio für verschiedene Produkte und Dienstleistungen. Heute sind nicht mehr nur Personen gefragt, die durch klassische Medien bekannt wurden. Vielmehr kann ein Youtube-Kanal mit mehreren Tausend Abonnenten oder ein Instagram-Account mit einer großen Reichweite von Unternehmen zu Werbezwecken genutzt werden (Jahnke, 2018).

2.2.2 Kundenbedürfnisse

Dass die Befriedigung von Bedürfnissen eine wichtige Rolle im Marketing spielt, dürfte den meisten Unternehmen mittlerweile bekannt sein (Dietrich, 2018). Abraham Maslow (1954) entwickelte bereits in den 1950er-Jahren sein Modell einer Bedürfnishierarchie. Grundsätzlich verfolgte Maslow den Ansatz, dass manche Bedürfnisse Vorrang vor anderen haben und Menschen motiviert sind, gewisse Bedürfnisse vor anderen zu erfüllen. Dietrich (2018) vertritt die Meinung, dass sich diese Grundbedürfnisse nach Maslow im Zuge der Generation Z maßgeblich verändert haben. Bisher zielte das Marketing darauf ab, mittels Werbung den Wunsch nach Selbstverwirklichung im Konsumenten zu wecken. Das beste Beispiel hierfür ist der Cowboy in der Marlboro-Werbung, der für Freiheit und Abenteuer steht. Die Generation Z hingegen ist für diese Art von Marketing nahezu resistent. Die Vertreter dieser Generation suchen nach authentischen Beziehungen, welche beispielsweise durch Influencer erreicht werden können. Personalisierte Botschaften sowie ein Verständnis für die eigene Lebenslage werden erwartet (Dietrich, 2018). Des Weiteren gilt es, die unbewusste Motivation der Zielgruppe zu beachten. Es scheint, als haben implizite Prozesse einen unmittelbaren Einfluss auf die Entscheidungsfindung. Hierbei mustert unser Gehirn die Umgebung und prüft die Übereinstimmung von Produkten und Dienstleistungen mit den unbewussten Bedürfnissen (Chlupsa, 2017).

2.2.3 Konstrukt der persönlichkeitsorientierten Markenführung

Im Jahr 1997 wurde erstmals in den USA ein Konstrukt der menschlichen Persönlichkeit auf Marken übertragen und somit das Konstrukt der Markenpersönlichkeit ins Leben gerufen (Nauen & Link, 2013). Die Markenpersönlichkeit wird definiert als „(...) human characteristics associated with a brand" (Aaker, 1997, S. 347). Folgt man dieser Sichtweise, so besitzen Marken eine Identität und somit auch eine Persönlichkeit. Im Fall einer Übereinstimmung der Persönlichkeit einer Marke mit der des Konsumenten kann auf Basis der Markenpersönlichkeit eine Konsumenten-Marken-Beziehung entstehen (Kilian, 2011). Durch die Wahrnehmung der Persönlichkeit einer Marke, lassen sich 70 % der Markenstärke erklären. Somit ist die Positionierung von Marken anhand von Persönlichkeitsmerkmalen essenziell in der Markenführung (Riesenbeck & Perrey, 2005). Aufgrund der These, dass Marken eine Persönlichkeit besitzen, wird angenommen, dass Menschen eine Beziehung zu einer Marke in gleichem Maße aufbauen können wie zu Mitmenschen (Nauen & Link, 2013). Mittels Faktorenanalysen ist es möglich, die Persönlichkeit eines Menschen operationalisiert und somit empirisch messbar darzustellen (Kilian, 2011). Wird die Persönlichkeit der eigenen Marke auf die der Zielgruppe abgestimmt, kann ein Persönlichkeits-Fit erreicht werden.

2.3 Das Fünf-Faktoren-Modell der Persönlichkeit

Bereits in den 1930er-Jahren manifestierte sich die Ansicht, dass mithilfe von fünf Faktoren eine umfassende Persönlichkeitsbeschreibung gewährleistet werden kann (Amelang et al., 2006). Das sogenannte Fünf-Faktoren-Modell (FFM) beruht auf der Konvergenz verschiedener, faktorenanalytisch begründeter Gesamtsysteme. Als Faktorenanalyse wird das Verfahren bezeichnet, verschiedene Variablen in Gruppen hoch miteinander korrelierender Variablen zusammenzufassen (Asendorpf & Neyer, 2012). Ein Faktor stellt also eine Gruppe von korrelierenden Variablen dar. Im Verfahren des FFMs repräsentieren die Variablen Eigenschaften. Demnach entsprechen die daraus resultierenden Faktoren breiteren Eigenschaften. Ein Faktor soll so gewählt werden, dass die Ähnlichkeit zu allen Variablen der Gruppe möglichst hoch ist. Faktorenladungen der Variablen bestimmen die korrelative Ähnlichkeit zwischen Variablen und Faktoren mit Werten zwischen +1 und −1 (Asendorpf & Neyer, 2012). Zentrales Ziel der Faktorenanalyse ist somit, viele Items in Persönlichkeitsinventaren auf möglichst wenige, unabhängige Faktoren zu reduzieren. Jeder dieser Faktoren kann dann anschließend als Eigenschaftsdimension interpretiert werden (Asendorpf & Neyer, 2012). Auf der Basis von 18.000 persönlichkeitsbeschreibenden Begriffen wurden mittels einer Faktorenanalyse fünf stabile und unabhängige Faktoren der Persönlichkeitsbeschreibung ermittelt: Openness to new experience (O), Conscientiousness (C), Extraversion (E), Agreeableness (A) und Neuroticism (N) (Simon, 2010).

2.3.1 Beschreibung der fünf Eigenschaftsdimensionen

Tabelle 1 erläutert die konstruktbeschreibenden Schlüsselbegriffe der fünf Eigenschaftsdimensionen.

Tab. 1: Die fünf Eigenschaftsdimensionen

Dimensionen	Schlüsselbegriffe
Offenheit gegenüber neuen Erfahrungen (O)	einfallsreich, intellektuell, sensibel für Ästhetik, aufgeschlossen, kultiviert, originell
Gewissenhaftigkeit (C)	verantwortungsbewusst, zuverlässig, sorgfältig, planvoll, ausdauernd
Extraversion (E)	gesellig, freundlich, unternehmungsfreudig, aktiv, gesprächig, dominant, energisch, optimistisch
Verträglichkeit (A)	hilfsbereit, entgegenkommend, vertrauensbereit, bemüht anderen zu helfen, freundlich, höflich
Neurotizismus (N)	emotionale Robustheit: ruhig, enthusiastisch, sicher emotionale Empfindsamkeit: angespannt, nervös, deprimiert, unsicher, leicht verärgert, emotional

Quelle: Eigene Darstellung nach Weinert (2004), S. 150

2.3.2 NEO-FFI-30

Zur Erfassung der fünf Persönlichkeitsmerkmale werden derzeit am häufigsten die Fragebögen NEO-PI-R und NEO-FFI verwendet (Amelang et al., 2006). Der NEO-FFI besteht aus 60 Items, also 12 Fragen zu jeder Dimension. Somit ist er – verglichen zum NEO-PI-R mit 241 Items – eine gekürzte Version. Körner et al. (2008) entwickelten mit dem NEO-FFI-30 eine Kurzversion des Verfahrens mit besseren psychometrischen Eigenschaften. Anhand einer Bevölkerungsstichprobe von 1.908 Probanden konnten eine akzeptable interne Konsistenz der Skalen sowie eine hohe Korrelation mit den originalen NEO-FFI-Skalen nachgewiesen werden. Des Weiteren ließ sich die Faktorenstruktur in einer unabhängigen Prüfstichprobe von 2.508 Erwachsenen bestätigen. Die Forschungsergebnisse sprechen somit für Reliabilität, faktorielle- und Konstruktvalidität des NEO-FFI-30 (Körner et al., 2008).

Der NEO-FFI-30 besteht aus insgesamt 30 Fragen. Zu jeder der fünf Dimensionen gehören sechs Fragen. Diese werden mittels einer fünfstufigen Skala, konkret mit den Abstufungen starke Ablehnung, Ablehnung, neutral, Zustimmung und starke Zustimmung abgefragt. Für die Auswertung ist zu beachten, dass einige Items negativ gepolt sind. Das heißt, dass die negativ gepolten Items umcodiert werden müssen, damit diese mitsamt den restlichen Items in die Auswertung einfließen können.

Die Theorie des Modells der Fünf-Faktoren-Analyse basiert auf einem Beobachterrating. Die beurteilte Persönlichkeit ist also das Ergebnis der Einstufungen durch Beobachter. Nach Guion (1993) ist der beste Prädikator für zukünftiges Verhalten das Verhalten in der Vergangenheit. In der Arbeits- und Organisationspsychologie genießt das FFM bereits große Popularität (McCrae & John, 1992). Des Weiteren konnte die interkulturelle Forschung belegen, dass das FFM nicht kulturgebunden ist (Paunonen et al., 1996). Die prädikative Validität dieses Modells wird allerdings nicht für alle Bereiche im Unternehmen gleichermaßen gewertet. So zeigten z. B. die Metaanalysen von Barrick & Mount (1991), dass die Dimension Gewissenhaftigkeit den stabilsten Prädikator für Arbeits- und Trainingsleistung darstellt. Daraus resultiert, dass Mitarbeiter, die einen zuverlässigen, zweckorientierten, ausdauernden und systematischen Arbeitsstil aufweisen, bessere Leistungen erzielen (Weinert, 2004).

2.4 Forschungsstand und Forschungsfrage

Da die Generation Z derzeit die jüngste auf dem Arbeitsmarkt ist, gilt sie noch als weitgehend unerforscht. Verschiedene Studien beschreiben diese Generation als sicherheitsbedürftig, digitalaffin sowie auf ihr Äußeres bedacht (Scholz, 2014). Da einige dieser Studien bereits Mitte der 2010er-Jahre erschienen sind, ist es angebracht, entsprechende Aussagen mit Vorsicht zu betrachten.

Gegenwärtig sind die ältesten Vertreter der Generation Z bereits fest in das Berufsleben integriert. Demnach dürften Untersuchungen über die Bedürfnisse und Persönlichkeitscharakteristika der Generation Z zum jetzigen Zeitpunkt aussagekräftiger sein. Vor diesem Hintergrund leitet sich die folgende Forschungsfrage ab: Welche Werte und Persönlichkeitscharakteristika vertritt die Generation Z, die für ein zielgerichtetes Arbeitgebermarketing relevant sind?

3 Methodik

In der empirischen Forschung kann zwischen qualitativer und quantitativer Forschung sowie Mixed-Methods-Ansätzen unterschieden werden. Letztere umfassen sowohl qualitative als auch quantitative Ansätze. Der Forschungsteil dieser Arbeit folgt dem Mixed-Methods-Ansatz. Im Rahmen der quantitativen Forschung wurde der Persönlichkeitstest NEO-FFI-30 eingesetzt und durch drei qualitativ ausgewertete Tiefeninterviews ergänzt. Die empirische Forschung der vertiefenden Studie folgt einem induktiven Ansatz.

3.1 Quantitative Forschung

Als quantitativer, empirischer Forschungsteil wurde der Persönlichkeitsfragebogen NEO-FFI-30 online geteilt. Hierbei wurden die 30 Items mittels einer fünfstufigen Likert-Skala abgefragt. Da sich die Studie ausschließlich mit der Zielgruppe der Generation Z befasst, wurden nur Probanden der Geburtenjahre 1995 bis 2010 zugelassen. Am 15. Februar 2019 wurde die Umfrage auf verschiedenen sozialen Netzwerken und Messengern (Facebook, Xing, LinkedIn, WhatsApp) sowie per Mail geteilt. Am 20. Februar wurde die Umfrage ebenfalls durch eine Influencerin mit dem Schwerpunkt Reitsport auf Instagram geteilt. Dies erklärt den drastischen Anstieg der Teilnehmer am 20.02. ab 14:40 Uhr wie in der Abbildung 2 ersichtlich wird. Die Influencerin „ah.lillebror" hatte zu diesem Zeitpunkt knapp 80.000 Follower und teilte den Link zur Umfrage im Rahmen ihrer Story für 24 Stunden in ihrem Profil.

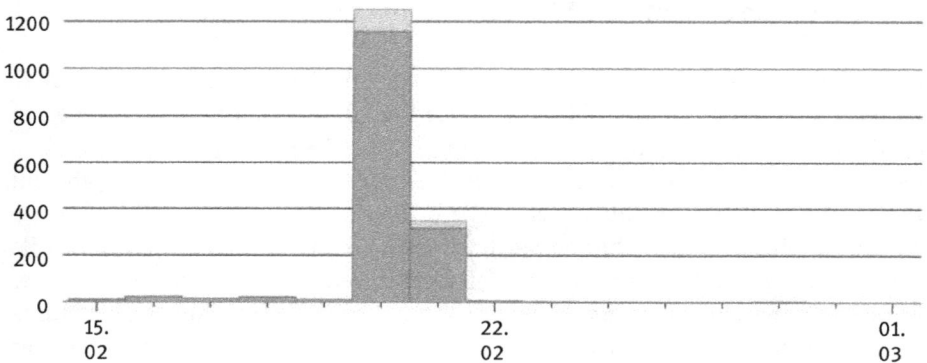

Abb. 2: Rücklaufquote der Onlinebefragung angegeben in Personen pro Tag (Quelle: Eigene Darstellung)

Die Online Umfrage wurde am 1. März 2019 geschlossen und der Link dazu aus den sozialen Medien gelöscht. Die Auswertung erfolgte mit Microsoft Excel. Es wurden wie im Original nach Körner et al. (2008) die Mittelwerte sowie die Standardabweichungen errechnet. Der Fragebogen enthält neun negativ gepolte Items, welche invers codiert sind und vor der Auswertung umgewandelt werden mussten. Anschließend wurden die Ergebnisse mit den generationsübergreifenden Ergebnissen von Körner et al. (2008) verglichen.

3.2 Qualitative Forschung

Der qualitative Forschungsteil wurde in Form von Tiefeninterviews durchgeführt. Befragt wurden drei Interviewteilnehmer der Generation Z. Das Interview wurde als halbstrukturiertes, leitfadengestütztes Interview entworfen. Es wurde entschieden, zwei Frauen und einen Mann im Rahmen der qualitativen Forschung zu befragen, auch wenn der Frauenanteil in der quantitativen Forschung dominierte. Es sollte ausgeschlossen werden, dass voneinander abweichende Ergebnisse der beiden Forschungsansätze auf geschlechtsspezifische Merkmale zurückzuführen sind. Das Alter der Befragten lag bei 18, 21 und 23 Jahren. Der männliche Teilnehmer war ein 18-jähriger Schüler aus Hamburg, der nebenbei in einem Schuhladen jobbte. Die beiden weiblichen Teilnehmerinnen waren zu dem Zeitpunkt des Interviews Studentinnen mit ebenfalls jeweils einem Nebenjob. Die 21-jährige Studentin arbeitete bis zu 30 Stunden pro Woche im Kindergarten und die 23-jährige war als Werkstudentin in HR angestellt. Die Befragten bekamen vorab den Interviewleitfaden ausgehändigt mit der Bitte, die demografischen Daten sowie die Datenschutzerklärung gegenzuzeichnen. Die Auswertung der Tiefeninterviews erfolgte nach den neun Stufen der Inhaltsanalyse nach Mayring (2003).

4 Analyse

4.1 Ergebnisse des Big-Five-Persönlichkeitstests

4.1.1 Geschlechterverteilung

Von insgesamt $N = 1.558$ Probanden waren 1.486 weiblich, 68 männlich sowie 4 divers. Der hohe feminine Anteil wurde dadurch verursacht, dass die Umfrage durch eine Instagram-Nutzerin mit einem Anteil von 95 % weiblicher Follower geteilt wurde.

4.1.2 Altersverteilung

Die Probanden bewegten sich, gemäß der Zielgruppe, in einem Alter von 9–24 Jahren. Der Median lag bei 18 Jahren.

4.1.3 Beschäftigung

Mit einer Anzahl von 622 bilden die Schüler die größte Gruppe der Stichprobe, gefolgt von 390 Studierenden.

4.1.4 Bildungsabschluss

Knapp ein Drittel der Probanden hatte zum Zeitpunkt der Umfrage das allgemeine Abitur als höchsten Bildungsabschluss erreicht. Masterabschlüsse wurden am wenigsten genannt.

4.1.5 Zusammenfassung der Skalenergebnisse

Tabelle 2 zeigt die Ergebnisse des NEO-FFI-30 je Dimension.

Tab. 2: Ergebnisse des NEO-FFI-30 je Dimension

Skala	M	M-Gen Z	SD	SD-Gen. Z
Gesamtwert N	1,52	2,02	0,77	1,16
Gesamtwert E	2,28	2,40	0,62	1,03
Gesamtwert O	2,04	2,19	0,64	1,13
Gesamtwert A	2,79	2,72	0,65	0,94
Gesamtwert C	2,96	2,95	0,62	1,06

Quelle: Eigene Darstellung

Die Ergebnisse des NEO-FFI-30 zeigen, dass sich die Stichprobe der Generation Z auf allen fünf Skalen innerhalb der Normwerte befindet. Ein signifikanter Unterschied der Persönlichkeit, verglichen zur Grundgesamtheit, ist also im Rahmen der Stichprobe nicht nachzuweisen. Die stärkste Abweichung zeigt sich auf der Skala Neurotizismus mit einem Unterschied von 0,5 Punkten zur Grundgesamtheit. Nach Weinert (2004) deutet ein hoher Wert der Neurotizismusskala auf eine emotionale Empfindsamkeit hin. Konstruktbeschreibende Schlüsselbegriffe sind: angespannt, nervös, deprimiert, unsicher, leicht verärgert, emotional. Das Item „Manchmal fühle ich mich völlig wertlos" wies innerhalb der Stichprobe einen um 0,77 Punkte höheren Wert auf als bei der Grundgesamtheit. Dies unterstreicht die Schlüsselbegriffe deprimiert sowie unsicher. Jedoch ist es im Hinblick auf das Item wichtig zu betonen, dass sich auch diese Abweichung noch innerhalb der Normwerte befindet. Auch bei einer isolierten Betrachtung der Items zeigt sich, dass sich die Stichprobe stets innerhalb der Normwerte bewegt. Jedoch auch hier sind die größten Abweichungen innerhalb der Skala Neurotizismus zu beobachten.

4.2 Ergebnisse der Tiefeninterviews

In der Tabelle 3 werden die 13 ermittelten Kategorien zusammengefasst dargestellt.

Tab. 3: Zusammenfassung der Kategorien

Nr.	Kategorie	Codes	Beispiel
I	Recruiting	– Kontaktaufnahme – Motivationsschreiben	– „Kontaktaufnahme via Google" – „Motivationsschreiben sind unnötig"
II	Erwartungen an den Arbeitgeber	– Motivation – Wünsche – Bedürfnisse	– „MA mit Wettbewerben motivieren, als Bindungsmaßnahme"
III	Krisengeneration	– Sorgen – Ängste – Umwelt	– „Der Klimawandel bereitet Sorgen" – „Sorge um Weltfrieden"
IV	Digital Natives	– Digitalisierung – Generationen	– „Nachteil wird darin gesehen, dass die ältere Generation nicht mit der Digitalisierung aufwächst"
V	Realitätsflucht	– virtuelle Welt – Ausgleich	– „Die virtuelle Welt wird als Ausgleich gesehen"
VI	Karrieremotivation	– Karriere – Fortbildung	– „Eine unentgeltliche Fortbildung am Wochenende würde nicht besucht werden"
VII	Ängste	– Angst – Job – Zukunft	– „Angst, nach dem Studium keinen Job zu finden"
VIII	Sicherheit	– Sicherheitsgefühl – Arbeitsplatz – Gehalt	– „Familie, Freund und Freunde vermitteln ein Riesensicherheitsgefühl" – „Ein sicherer Arbeitsplatz würde einem gut bezahlten vorgezogen werden"
IX	Trennung von Privatem und Beruflichem	– Arbeit – Freizeit – Kollegen	– „Ein Kollege ist ein Kollege und ein Freund ist der, der auch nach Hause kommen darf"
X	Selbstwertgefühl	– Selbstbewusstsein – Vergleich	– „Ein Vergleich mit anderen Bewerbern übt Druck aus"
XI	Sozialer Halt	– Familie – Mitmenschen	– „Familie, Freund und Freunde geben im Leben am meisten Halt"
XII	Erwartungen an Mitmenschen	– Erwartungen – Wünsche	– „Nicht viel Erwartungen an Mitmenschen"
XIII	Generationsvergleich	– andere Generationen – Technik	– „Ältere Generationen (ab Gen. X) sind konservativer gegenüber Technik eingestellt"

Quelle: Eigene Darstellung

I Recruiting

Um nach einer geeigneten Stelle zu suchen, wäre für alle Befragten das Internet das erste Mittel der Wahl. Als weiterer Aspekt wurde die telefonische sowie die persönliche Kontaktaufnahme vorgesehen, jedoch schnell wieder verworfen. Der Schüler lehnte dies ab, weil eine persönliche Kontaktaufnahme „nicht souverän" wirke, und die 21-jährige Kindergärtnerin, weil Hemmungen vor dem Telefonieren bestehen. Die Sinnhaftigkeit des Motivationsschreibens wurde einstimmig stark hinterfragt. Die beiden Studentinnen gingen davon aus, dass die Selbstdarstellung in einem Motivationsschreiben verfälscht sei und etwas „dazu gedichtet wird".

II Erwartungen an den Arbeitgeber

Die Befragten äußerten einstimmig, dass eine Social-Media-Präsenz des Arbeitgebers nicht notwendig sei. Wenn ein Unternehmen jedoch auf den sozialen Medien aktiv ist, sollte es nicht zu viel posten sowie „keine reine Selbstdarstellung betreiben", äußerte die 21-Jährige. Als sinnvoll erachteter Content wären das Teilen von Stellenangeboten sowie ein Einblick in den Unternehmensalltag. Insiderwissen und ein Einblick „hinter die Kulissen" empfand der 18-jährige Schüler als sinnvoll. Die Inhalte sollten allerdings branchenspezifisch gewählt werden. Das Zeigen von Personalfotos auf sozialen Medien sollte unterlassen werden, da dies als zu großer Einschnitt in die Privatsphäre gesehen wird. Interviews mit Mitarbeitern werden wiederum als spannend angesehen. Als sinnvollste Plattform für ein Arbeitgebermarketing wurde Facebook genannt. Instagram und Snapchat empfand die 21-Jährige als „zu privat". Darüber hinaus wurde das soziale Umfeld thematisiert. Teamwork sei essenziell und die Hierarchien sollten nicht zu steil sein. Der 18-Jährige betonte, dass Vorgesetzte nicht „den Chef raushängen" lassen sollen, sondern motivieren, führen und mitanpacken. Der Arbeitgeber soll Wertschätzung zeigen und ein offenes Ohr für seine Mitarbeiter haben. Jour-fixe-Gespräche inklusive Bewertung der Arbeit werden erwünscht. Der direkte Kontakt zur Führungsebene wird als sehr wichtig angesehen.

Ein gutes Gehalt sowie Sparmöglichkeiten werden ebenfalls gewünscht. Eine regelmäßige Gehaltserhöhung, Bonuszahlungen sowie Zusatzleistungen wurden im Zuge der Erwartungen an den Arbeitgeber genannt. Jedoch wird ein sicherer Arbeitsplatz einem besser bezahlten vorgezogen.

III Krisengeneration

Der nebenberufliche Schuhverkäufer äußerte neben Existenzsorgen in der Zukunft auch allgemeine Themen wie Klimawandel, Angst vor Terror sowie einen Wunsch nach Frieden.

IV Digital Natives

Eine moderne Ausstattung des Arbeitsplatzes wird als förderlich im Hinblick auf die Mitarbeiterbindung angesehen. Das Mobiltelefon sowie die darauf gespeicherten Kommunikations-Apps sind unter den Interviewteilnehmern allgegenwärtig im Einsatz. Der erhöhte Social-Media-Konsum wurde von der 21-jährigen Interviewteilnehmerin als „persönlichkeitsverändernd" gedeutet. Des Weiteren sprach der Schüler davon, dass ihn die sozialen Medien kaputtmachen und er kein Fan davon sei. Den Social-Media-Konsum sah er als Sucht an, welche allerdings problemlos toleriert werden kann. Als weiteren Nachteil der digitalen Kommunikation nannte der 18-Jährige, dass ein miteinander Sprechen ohne technische Medien in der gegenwärtigen Zeit erschwert sei und dadurch sogar soziale Kompetenzen gemindert werden.

V Realitätsflucht
Den Social-Media-Konsum beschrieb die 21-Jährige als „Ablenkung von den eigenen Problemen". Die virtuelle Welt sorgt für Entspannung und Ruhe. Die HR-Mitarbeiterin äußerte, dass bei ihrem täglichen Gebrauch des Mobiltelefons von 3:48 Stunden allein drei Stunden ausschließlich auf sozialen Netzwerken verbracht werden. Dass es sich hierbei um eine unechte Welt handelt, war allen Probanden bewusst. Insbesondere die Schattenseiten von Instagram wurden mehrfach beleuchtet. Die Kindergärtnerin vertrat die Meinung, dass Instagram das eigene Leben infrage stellt und viel zu ernst genommen wird. Der Schüler äußerte, dass er den Ausgleich über die virtuelle Welt eigentlich nicht mag.

VI Karrieremotivation
Die Interviewteilnehmer reagierten alle zögerlich auf die Frage, ob sie eine Fortbildung am Wochenende besuchen würden. Dies wäre nur denkbar, wenn es einmalig ist oder einen persönlichen Nutzen verspreche. Als selbstverständlich angesehen wird im Gegenzug Freizeitausgleich oder eine Vergütung. Das Arbeiten im Homeoffice wurde als praktisch angesehen, da hier nebenbei Arztbesuche abgestattet werden können. Außerdem impliziert eine Tätigkeit im Homeoffice keine Vollzeitbeschäftigung. Nicht gewertete Überstunden werden von der HR-Mitarbeiterin nicht toleriert, da dies ein Gefühl von „Ausgenutztwerden" vermittelt.

VII Ängste
Eine einstimmige Angst unter den Befragten war monetärer Natur. Sorge um ausreichend finanzielle Rücklagen in der Zukunft sowie den eigenen Lebensstandard nicht aufrechterhalten zu können, waren bezeichnend. Des Weiteren sorgte sich die 23-Jährige um die aktuelle Wohnsituation in München. Primär stand im Fokus, sich gegenwärtig eine Wohnung leisten zu können. Ebenso machte sich die 21-jährige HR-Mitarbeiterin auch Sorgen darüber, nach dem Studium aufgrund zu schlechter Noten oder von zu wenig Praxiserfahrung keinen Job zu finden. Die zeichnende Zukunftsangst der 23-Jährigen bestand darin, dass keine berufliche Entscheidung getroffen werden kann, da dies bedeutet, sich festlegen zu müssen.

VIII Sicherheit

Sicherheit ist bei der Wahl des Arbeitsplatzes ein bedeutender Aspekt. Wie schon in Kategorie II – Erwartungen an den Arbeitgeber – erwähnt, würde ein sicherer Arbeitsplatz einem besser bezahlten vorgezogen werden. Eine auf 4–5 Jahre begrenzte Stelle wird als unsicher angesehen. Auch würde ein lang bestehendes Unternehmen einem Start-up aufgrund der Beständigkeit vorgezogen werden. Die Interviewteilnehmer erwähnten einstimmig einen Wunsch nach finanzieller Sicherheit im Hinblick auf ihre Zukunft, insbesondere auch im Rentenalter. Ein weiterer wichtiger Punkt im Hinblick auf Sicherheit stellen Familie, Freunde sowie ein fester Wohnsitz dar.

IX Trennung von Privatem und Beruflichem

Der Schüler äußerte, dass zwischen Freunden und Kollegen differenziert werden muss. Kollegen dürfen z. B. nicht ungefragt schreiben oder vor der Haustür stehen. Ein zu großer Eingriff in die Privatsphäre wäre ein „No-Go" am Arbeitsplatz. Eine klare Trennung von Privatem und Beruflichem sei jedoch nicht möglich. Der 18-Jährige vertrat außerdem die Meinung, dass ein großes Unternehmen mit einer Partnerbörse verglichen werden könne. In der Freizeit sollte nicht über Berufliches gesprochen werden, demnach wurde auch ein Treffen in der Freizeit mit Kollegen als unerwünscht angesehen. Privater Kontakt mit Kunden wird ebenfalls nicht erwünscht. Des Weiteren erwähnte die 21-jährige Kindergärtnerin, dass trotz des allgegenwärtigen Handykonsums der Messenger WhatsApp während der Arbeit nicht genutzt wird.

X Selbstbewusstsein

Die 21-Jährige sprach von „Hemmungen vor dem Telefonieren", aus diesem Grund würde sie nicht bei einem Unternehmen anrufen. Die 23-jährige HR-Mitarbeiterin meinte, dass Influencer, wie die Nutzer dieser Plattform mit einer hohen Anzahl an Followern genannt werden, nur die schönen Seiten des Lebens beleuchten und sich besonders jüngere User davon beeinflussen lassen. Des Weiteren wurde die Wichtigkeit von Familie und Freunden betont, da diese bei Selbstzweifeln immer unterstützen. Diskriminierung und Mobbing am Arbeitsplatz wird als sehr schlimm empfunden.

XI Soziale Beziehungen

Teamfähigkeit wurde als Wunsch am Arbeitsplatz geäußert. Einzelkämpfer sowie Fronten zwischen Arbeitnehmern hingegen werden nicht toleriert. Des Weiteren äußerte der Schüler das Bedürfnis, am Arbeitsplatz akzeptiert und toleriert zu werden. „Ein gutes soziales Umfeld ist wichtig." Ein gutes Arbeitsklima wurde auch als Bedingung zur Konzentration sowie für gute Laune am Arbeitsplatz genannt. Ebenso existiert der Wunsch nach regelmäßigen Gesprächen mit dem Vorgesetzten. Freunde und insbesondere die Familie bieten Halt, lenken ab und „verurteilen einen nicht", sagte der 18-Jährige im Interview. Die Präsenz auf sozialen Netzwerken dagegen verursacht ein Gefühl des Konkurrenzkampfes.

XII Erwartungen an Mitmenschen

Von den Mitmenschen wird eine offene Einstellung erwartet. Selbst fällt dies jedoch schwer. Ebenso werden Ehrlichkeit und Freundlichkeit sowie Respekt und Rücksicht erwartet. Der Schüler gab an, nicht viele Erwartungen an seine Mitmenschen zu haben, außer dass sie ihn in Ruhe lassen, wenn er keine Lust auf sie hat, und dass sie sich an Gesetze halten.

XIII Generationsvergleich

Verglichen zu Generationen im Alter ab Beginn der Generation X beschrieben sich die Gesprächspartner als flexibler, anpassungsfähiger und schnelllebiger. Des Weiteren nannte die 23-Jährige den höheren Social-Media-Konsum sowie eine offenere Einstellung gegenüber Neuem. Bei einer Teamkonstellation aus gemischten Generationen sieht ein Interviewteilnehmer ein Problem aufgrund verschiedener Ansichten. Trotzdem würde er Teams aus gemischten Generationen als positiv ansehen, da ältere Personen mehr Erfahrung mitbringen.

5 Diskussion

Die quantitativen Forschungsergebnisse lassen darauf schließen, dass sich die Generation Z im Hinblick auf Persönlichkeitseigenschaften nicht signifikant von anderen Generationen unterscheidet. Der angewandte NEO-FFI-30-Test hat ergeben, dass sich die Interviewteilnehmer auf allen fünf Dimensionen innerhalb der Normwerte befinden.

Die Abweichung auf der Skala Neurotizismus von 0,5 Punkten zur Grundgesamtheit könnte dafür sprechen, dass die Generation Z schneller unter Stress gerät und eine höhere emotionale Empfindsamkeit aufweist als ihre Vorgänger. Da der Wert mit einer Abweichung von +0,5 aber noch innerhalb der Standardabweichung (0,77) liegt, kann diese Abweichung auch ebenso als Normwert interpretiert werden.

Der hohe Anteil an weiblichen Probanden innerhalb der quantitativen Forschung könnte darauf beruhen, dass der Umfragelink durch die Influencerin „ah.lillebror" geteilt wurde, deren Follower größtenteils weiblich sind.

Ein bemerkenswerter Aspekt, welcher sich während der Forschung herausstellte, ist der enorme Einfluss von Influencern auf deren Follower. Das einfache Teilen der Onlinebefragung mit ein paar persönlichen Worten dazu bewegte knapp 1.500 Personen innerhalb von 24 Stunden dazu, bei der Befragung einer für sie fremden Person mitzumachen. Es wurde den Probanden keinerlei Belohnung oder Gegenleistung versprochen, die Teilnahme erfolgte aus eigener Motivation durch den Aufruf von „ah.lillebror". Die Influencerin aus dem Reitsport bat im Rahmen ihrer Instagram-Story darum, an der Umfrage teilzunehmen, und platzierte den Link so, dass mittels eines Klicks direkt darauf zugegriffen werden konnte. Dieser Effekt könnte durch den Einsatz von Influencern ebenso für das Employer Branding genutzt werden. Praktisch kann dies so ablaufen, dass Unternehmen mit Influencern kooperieren, deren Follower weitgehend aus der gewünschten Zielgruppe bestehen. Die Social-Influencer würden demnach von dem Unternehmen eine Gage erhalten, um im Gegenzug, in einem abgesprochenen Umfang, für die Firma zu werben. Ebenfalls denkbar wäre eine bereits angestellte Person aus dem Unternehmen zu wählen, insofern diese über eine gewisse Reichweite auf den sozialen Netzwerken verfügt. Influencer haben für ihre Follower eine Vorbildfunktion und können diese in ihrer Meinung beeinflussen. Oftmals passiert dies auch implizit, also unbewusst.

Die qualitativen Forschungsergebnisse konnten zeigen, dass die Generation Z sehr viel Zeit auf Instagram verbringt und dies als Entspannung ansieht. Es wirkt, als würde Werbung auf diesem Kanal nicht als negativ und störend angesehen werden. Die Jugendlichen scheinen sich durch den täglichen virtuellen Kontakt zu bestimmten Personen so mit diesen verbunden zu fühlen, dass Empfehlungen und Produktvorschläge wie Ratschläge von Freunden gewertet werden. Influencer liefern ihren Abonnenten mehrmals täglich, teils sehr privaten Content, sodass leicht vergessen werden kann, dass jene Person eigentlich eine vollkommen fremde ist. Die qualitativen Forschungsergebnisse zeigten, dass persönliche Gespräche mit der Personalabteilung authentischer wirken als beispielsweise Motivationsschreiben. Das Anschreiben im Rahmen einer Bewerbung wurde generell als überflüssig angesehen. Demnach könnten auch Recruiting-Apps, welche kein Anschreiben mehr fordern, in den nächsten Jahren an Bedeutung gewinnen. Unternehmen sollten ihre Recruiting-Prozesse bereits digitalisieren und Bewerbern vermehrt die Möglichkeit bieten, sich ohne viel Aufwand und zusätzliche Dokumente zu bewerben. Wichtig hierbei ist ein authentisches Auftreten des Arbeitgebers, um für potenzielle Arbeitnehmer attraktiv zu wirken. Des Weiteren zeigte sich der Wunsch, sich online über ein Unternehmen informieren zu können. So wäre für alle Gesprächspartner die erste Anlaufstelle nach einem Job die Onlinesuche gewesen. Die These, dass die Generation Z ein anderes Wertemuster besitzt und sich deutlich von anderen Generationen unterscheidet, konnte in der vorliegenden Studie zumindest nicht anhand von variierenden Persönlichkeitscharakteristika nachgewiesen werden. Jedoch ist an dieser Stelle auch hinzuzufügen, dass Werthaltungen nicht gleichbedeutend mit Persönlichkeitsmerkmalen sind. Die Aussage von Scholz (2016), dass für die Generation Z die Karriere nicht an oberster Stelle steht, konnte durch das Tiefeninterview bestärkt werden. Das Arbeiten außerhalb der geregelten Zeiten oder Fortbildungen am Wochenende wird nur in Ausnahmefällen toleriert. Ebenso möchte die Nachwuchsgeneration nicht in ihrer Freizeit mit beruflichen Themen konfrontiert werden. Die Omnipräsenz des Mobiltelefons war bei allen Interviewten vertreten. Die Interviewteilnehmer gaben an, teilweise sogar mehr Zeit, als ihnen lieb ist, mit dem

Smartphone zu verbringen. Auch die Beschreibung als Sucht war bezeichnend. Demnach wäre ein Handyverbot am Arbeitsplatz nur schwer vorstellbar. Als kontrovers wird betrachtet, dass eine Präsenz des Arbeitgebers auf den sozialen Medien einstimmig als nicht wichtig betrachtet wird. Da die Generation Z gerne Berufliches von Privatem trennt, könnte das Auftreten des Arbeitgebers auf den sozialen Netzwerken als ein zu großer Eingriff in die Privatsphäre oder gar störend empfunden werden. Das Nutzen von sozialen Medien dient als Ausgleich und der Entspannung. Hierbei kann die Präsenz des Arbeitgebers nahezu übergriffig wirken. Dafür würde auch die Tatsache sprechen, dass nur stellenbezogener Content erwünscht wird. Demnach wäre der Auftritt eines Unternehmens auf den sozialen Netzwerken nicht unbedingt zur Mitarbeiterbindung geeignet. Da sich über einen potenziellen Arbeitgeber jedoch im Vorfeld online informiert wird, könnte eine Social-Media-Präsenz des Arbeitgebers zumindest zu Recruiting-Zwecken als effizient erweisen. Für die Mitarbeiterbindung kann es jedoch sogar eher kontraproduktiv sein. Vesterling (o. J.) appellierte, dass die bislang genutzten Methoden des Recruitings nicht mehr ausreichend sind. Diesbezüglich ist zu erwähnen, dass dies laut der durchgeführten Studie nicht auf Persönlichkeitsveränderungen basiert. Als realistischer zu betrachten sind veränderte externe Faktoren, welche andere Maßnahmen zur Mitarbeitergewinnung fordern. Dies mag primär die Digitalisierung sein, welche schriftliche Bewerbungen veraltet erscheinen lässt. Die Realitätsflucht in eine virtuelle Welt, bestehend aus sozialen Netzwerken, Messengern und Kommunikationsdiensten, scheint für die Jugendlichen ein Ort der Entspannung zu sein. Dass es sich hierbei um eine größtenteils inszenierte und unechte Welt handelt, war den Befragten durchaus bewusst. Eingeschränkte soziale Kompetenzen sowie ein stetiger Vergleich mit anderen wird bewusst in Kauf genommen, um der Realität für eine gewisse Zeit entfliehen zu können. Es wirkt, als seien die Jugendlichen in der Gegenwart teilweise überfordert. Insbesondere, wenn sie Herausforderungen ohne digitale Hilfe lösen müssen, geraten sie schnell in Sorge. Eine berufliche Entscheidung für die Zukunft zu treffen, kann nicht durch eine App übernommen werden. Das Gleiche gilt, um sich auf dem Wohnungsmarkt durchsetzen zu können oder einen Sparplan für die Zukunft zu errichten. Auch die Zukunft bereitet der Generation Z Sorgen. Sich nicht für den richtigen Job entscheiden zu können oder nicht ausreichend zu verdienen, um auch im Alter noch finanziell versorgt zu sein, sind Ängste, die im Interview genannt wurden. Ein sicherer Job scheint tendenziell attraktiver zu sein als ein besser bezahlter Job. Des Weiteren spielen auch Sorgen um politische Themen, wie die Bekämpfung des Terrors und der Klimawandel, eine Rolle. Dies spiegelt die Unsicherheit der Jugendlichen in der Gegenwart wider. Arbeitgeber sollten jene Sorgen der Jugendlichen ernst nehmen und versuchen, im Rahmen des Employer Branding darauf einzugehen. Stellen mit der Möglichkeit einer langfristigen Besetzung sowie eine betriebliche Altersvorsorge können Bewerbern ein Gefühl von Sicherheit vermitteln und dazu beitragen, dass sich die Nachwuchskräfte für das eigene Unternehmen entscheiden. Auch kann das Aufzeigen von Personalentwicklungsmöglichkeiten potenziellen Kandidaten eine Zukunftsperspektive geben und Ängste nehmen.

6 Fazit und Ausblick

Bezogen auf die Forschungsfrage, mit welchen Werten und Persönlichkeitscharakteristika die Generation Z zu beschreiben ist, die für ein zielgerichtetes Arbeitgebermarketing relevant sind, lässt sich zusammenfassend sagen, dass die Generation Z nicht grundlegend von den bisherigen Generationen abweicht, auch wenn dies gegenwärtig vermehrt so in den Medien publiziert wird. Basierend auf ihren Persönlichkeitsmerkmalen bewegt sich die Generation Z innerhalb der Normwerte. Der große Aufruhr um die Nachwuchsgeneration – und die damit verbundene Dringlichkeit, etwas zu verändern – ist also nicht den generationsspezifischen Persönlichkeitsveränderungen zuzuschreiben, sondern mag eher auf den veränderten externen Umständen beruhen. So verlangten die Digitalisierung und die Globalisierung zwangsläufig ein Überdenken des bisherigen Recruitings sowie eine Anpassung der Arbeitsbedingungen. Eine der heutigen Zeit gerecht werdende technische Ausstattung des Arbeitsplatzes scheint für die Nachwuchsgeneration wichtig zu sein. Ebenfalls sollte dieser der Zugang zu dem privaten Mobiltelefon auch während der Arbeitszeit nicht untersagt werden. Die Möglichkeit eines digitalen Bewerbungsverfahrens scheint zeitgerecht und zwingend notwendig zu sein, um gegenwärtig als Arbeitgeber ansprechend zu wirken. Der Wunsch nach Sicherheit verbunden mit der geringfügig stärker ausgeprägten Dimension Neurotizismus sollte von Arbeitgebern bewusst wahrgenommen werden. Angebote wie eine betriebliche Altersvorsorge sowie die Betonung der Beständigkeit des Unternehmens im Rahmen des Employer Branding können sich als effektiv erweisen.

Auch sollte die Trennung von Beruflichem und Privatem respektiert werden. Es scheint, als würde die Generation Z ihre Kontakte lieber außerhalb des Unternehmens oder virtuell knüpfen. Da dieser Ausgleich als Entspannung angesehen wird, ist der Arbeitgeber in der virtuellen Welt nicht erwünscht und würde eher die Trennung von Privatem und Beruflichem zerstören. Die Generation Z erweist sich im Rahmen der Forschung als zukunftsbedacht und konservativ. Familie und Freunde spielen eine bedeutende Rolle und sorgen im Leben für Stabilität. Ein fester Arbeitsplatz wird ebenfalls angestrebt und als notwendig erachtet. Hierbei scheint jedoch die finanzielle Absicherung der Zukunft mehr im Fokus zu stehen als die Selbstverwirklichung oder der Wunsch nach einer großen Karriere. Ehrlichkeit, Respekt und Vertrauen sind Werte, die sowohl in der Zusammenarbeit mit Kollegen und Vorgesetzten als auch im Umgang mit Mitmenschen verlangt werden. Diskriminierung und Mobbing am Arbeitsplatz wäre für die Befragten ein Grund, das Unternehmen zu verlassen. Es wirkt so, als strebe die Generation Z eher ein harmonisches Miteinander an, statt um jeden Preis eine Führungsposition im Unternehmen erreichen zu müssen.

Literatur

Aaker, J. L. (1997). Dimensions of Brand Personality. *Journal of Marketing Research*, Vol. 34(No. 3):347–356.

Amelang, M., Bartussek, D., Stemmler, G. & Hagemann, D. (2006). *Differentielle Psychologie und Persönlichkeitsforschung*. Stuttgart: Kohlhammer, 6. Aufl.

Asendorpf, J. B. & Neyer, F. J. (2012). *Psychologie der Persönlichkeit: Mit 110 Tabellen*. Berlin, Heidelberg: Springer, 5. Aufl.

Barrick, M. R. & Mount, M. K. (1991). The big five personality dimensions and job performance: A metaanalysis. *Personnel Psychology*, 44:1.

Chlupsa, C. (2017). *Der Einfluss unbewusster Motive auf den Entscheidungsprozess: Wie implizite Codes Managemententscheidungen steuern*. Wiesbaden: Springer Gabler.

Dietrich, F. (2018). *Die Maslowsche Bedürfnispyramide in Zeiten der Generation Z*. Im Folgenden werden die Dimensionen des externen- sowie internen Employer Branding detailliert dargestellt. In: https://www.dietrichid.com/wissensartikel/die-maslowsche-beduerfnispyramide-zeiten-der-generation/ (Zugriff 02.07.2019).

Esch, F.-R. (2012). *Strategie und Technik der Markenführung*. München: Ahlen, 7. Aufl.

Gaiser, B., Linxweiler, R. & Brucker, V. (2005). *Praxisorientierte Markenführung: Neue Strategien, innovative Instrumente und aktuelle Fallstudien*. Wiesbaden: Gabler Verlag, 1. Aufl.

Guion, R. M. (1993). Introduction: The structure of personality. *Paper presented at the convention of SIOP*, San Francisco, 1993.

Holste, J. H. (2012). *Arbeitgeberattraktivität im demographischen Wandel: Eine multidimensionale Betrachtung*. Wiesbaden: Springer Gabler, 1. Aufl.

Icims (2018). Hiring Inside Blog. Attracting Gen Z: Text Recruiting, Branding and Social Media. Recruiting Tips. https://www.icims.com/hiring-insights/for-employers/article-attracting-gen-z-text-recruiting-branding-and-social-media (Zugriff 28.06.2019).

Jahnke, M. (2018). *Influencer Marketing: Für Unternehmen und Influencer: Strategien, Plattformen, Instrumente, rechtlicher Rahmen. Mit vielen Beispielen*. Wiesbaden: Springer-Verlag.

Kilian, K. (2011). *Determinanten der Markenpersönlichkeit: Relevante Einflussgrößen und mögliche Transfereffekte*. Wiesbaden: Gabler Springer Verlag, 1. Aufl.

Klaffke, M. (2014). *Generationen-Management: Konzepte, Instrumente, Good-Practice-Ansätze*. Wiesbaden: Gabler, 1. Aufl.

Körner, A., Geyer, M., Roth, M., Drapeau, M., Schmutzer, G., Albani, C., Schumann, S. & Brähler, E. (2008). *Persönlichkeitsdiagnostik mit dem NEO-Fünf-Faktoren-Inventar: Die 30-Item-Kurzversion (NEO-FFI-30)*. Stuttgart: Georg Thieme Verlag.

Landes, M. & Steiner, E. (2013). *Psychologie der Wirtschaft. Psychologie für die berufliche Praxis*. Wiesbaden: Springer Verlag, 1. Aufl.

Mangelsdorf, M. (2015). *Von Babyboomer bis Generation Z: Der richtige Umgang mit unterschiedlichen Generationen im Unternehmen*. Offenbach: Gabal, 1. Aufl.

Maslow, A. (1954). *Motivation and Personality*. New York: Harper.

Mayring, P. (2003). *Qualitative Inhaltsanalyse. Grundlagen und Techniken*. Weinheim: Beltz.

McCrae, R. R. & John, O. P. (1992). An introduction to the five-factor model and its applications. *Journal of Personality*, 60:175–215.

Nauen, A. & Link, S. (2013). *Jahrbuch Marketing 2012/2013. Kongruenz zwischen Konsumenten und Markenpersönlichkeit - Das DiSG-Modell als Segmentierungsansatz von Marken*. In: Marketinginstitut, https://www.marketinginstitut.biz/blog/wp-content/uploads/2013/10/Kongruenz-zwischen-Konsumenten-und-Markenpers%C3%B6nlichkeit.pdf (Zugriff 24.06.2019).

Parker, R. & Churchill, M. (1986). Positioning by Opening the Consumer's Mind. *International Journal of Advertising*, 5(1):1–13.

Paunonen, S. V., Keinonen, M., Trzebinski, J., Forsterling, F., Grishenkoroze, N., Kouznetsova, L. & Chan, D. W. (1996). The structure of personality in six cultures. *Journal of Cross-Cultural Psychology*, Volume 27(issue 3):339–353.

Popp, R. (2018). *Zukunft: Beruf: Lebensqualität: 77 Stichworte von A bis Z*. Berlin: LIT Verlag, 1. Aufl.

Rauvola, R. S., Rudolph, C. W. & Zacher, H. (2018). Generationalism: Problems and implications. *Organizational Dynamics*, Vol. 48(No. 4).

Riesenbeck, H. & Perrey, J. (2005). *Mega-Macht Marke. Erfolg messen, machen, managen*. McKinsey Perspektiven, Heidelberg: Redline, 2. Aufl.

Rohrmeier, J., Egan, T. & Peisl, T. (2019). Trust in Executive Search – The Client's Perspective. *Journal of Leadership, Accountability and Ethics*, Vol. 16(No. 1):73–85.

Schach, A. & Lommatzsch, T. (2018). *Influencer Relations: Marketing und PR mit digitalen Meinungsführern*. Wiesbaden: Springer Verlag.

Scholz, C. (2014). *Generation Z: Wie sie tickt, was sie verändert und warum sie uns alle ansteckt*. Weinheim: Wiley, 1. Aufl.

Scholz, C. (2016). Das Jobmagazin für Hochschulabsolventen. In: *Der Karriereführer*. https://www.karrierefuehrer.de/wirtschaftswissenschaften/generation-z-interview-christian-scholz.html (Zugriff 24.06.2019).

Simon, W. (Hrsg.) (2010). *Persönlichkeitsmodelle und Persönlichkeitstests*. GABAL-Verl.

Vesterling (o. J.). *Vesterling Technology Recruiting. Generation Z: Paradigmenwechsel im Recruiting. Reaktionsschnell und (digital) auf Augenhöhe: So erreichen Arbeitgeber die Generation Z*. https://www.vesterling.com/generation-z (Zugriff 05.06.2019).

Weinert, A. B. (2004). *Organisations- und Personalpsychologie*. Weinheim: Beltz, 5. Aufl.

Wood, S. (2013). Generation Z as Consumers: Trends and Innovation. *Institute for Emerging Issues: N. C. State University, College of Management*, S. 1–3.

Pia Weindl
Die Kernanforderungen
der Generation Z an den Arbeitgeber

Ein Employer Brand Scale für die Generation Z

1 Problemstellung und Zielsetzung
der Untersuchung

Wir leben aktuell in einer Zeit, die verstärkt vom demografischen Wandel bestimmt wird. Die veränderten Rahmenbedingungen erschweren es den Unternehmen zunehmend, ihren Personalbedarf ausreichend zu decken. Angesichts der verkürzten Ausbildungszeiten bei parallelem Anstieg des Ruhestandsalters wird sich in Zukunft die Erwerbsphase und somit auch die Dauer der Zusammenarbeit verschiedener Altersgruppen um mindestens zehn Jahre verlängern. Durch die demografische Entwicklung hält die Mehrgenerationenbelegschaft zunehmend Einzug in den Unternehmensalltag (Klaffke, 2014). Befunde legen nahe, dass die einzelnen Generationen nicht als homogenes Konzept verstanden werden dürfen, da sich ihre Vertreter

https://doi.org/10.1515/9783110712056-004

hinsichtlich ihrer Mindsets und Präferenzen deutlich differenzieren. Das Generationenkonzept ist die Voraussetzung für ein umfassendes und gezieltes Generationenmanagement, das die Zusammenarbeit jeglicher Altersklassen sicherstellt, indem darauf aufbauend Maßnahmen und Handlungsfelder erschlossen werden (Klaffke, 2014). Zentrales Ziel des Generationenmanagements ist es, die Rahmenbedingungen dahingehend auszubauen, dass alle Altersgruppen vereint im Unternehmen operieren können. Im heutigen Arbeitsmarkt ist gerade die jüngste Arbeitnehmergeneration diejenige, die am geringsten erforscht wurde, weshalb in vorliegender Studie der Forschungsfokus auf dieser Generation liegt.

Im Rahmen der Untersuchung werden genau deshalb die Kernanforderungen dieser Arbeitnehmergeneration untersucht. Daraus folgt die zentrale Fragestellung: Welche Kernanforderungen hat die Generation Z an ihren Arbeitgeber? Denn diesen Erfordernissen gilt es gerecht zu werden, um als Unternehmen für seine potenziellen und aktuellen Arbeitskräfte attraktiv zu sein. Anhand von Sekundärdaten wird eine Vorauswahl der abzufragenden Kategorien getroffen. Das Ziel der Untersuchung stellt eine präferenzwirksame Rangordnung der Attraktivitäts- und Wertefaktoren für die Generation Z dar – ein Employer Brand Scale. Den Ausgangspunkt für die Erstellung des Fragebogens bilden verschiedene Studien zum Thema Arbeitgeberattraktivität und -image (E-fellows, 2005; Hillebrandt & Ivens, 2013; Tanwar & Prasad, 2017). Somit werden korrespondierende Akquisitions- und Motivationserfordernisse im empirischen Part in eine präferenzwirksame Rangfolge gebracht. Die Datenerhebung erfolgt mittels einer Befragung, deren Stichprobe gemäß dem Forschungsfokus ausschließlich die Vertreter der Generation Z umfasst.

2 Thematischer Hintergrund

2.1 Relevanz des Employer Branding

Nicht nur Megatrends wie die demografische Entwicklung begründen die außerordentliche Relevanz von Employer Branding, sprich von Arbeitgebermarkenbildung. Des Weiteren sind die Globalisierung, der technologische Fortschritt und die Ressourcenknappheit als große Herausforderungen zu nennen. Deutschland steht vor sichtbaren Problemen. Die soziodemografische Entwicklung, die zunehmende Konjunktur der Dienstleistungsbranche und der technologische Fortschritt seit dem Jahr 2006 implizieren die Transformation von einer Industrie- in eine Wissensgesellschaft.

Die veröffentlichten Zahlen vom Statistischen Bundesamt verleiten zur Annahme einer beginnenden Eiszeit am Arbeitsmarkt (Statistisches Bundesamt, 2018).

Aufgrund der stark mittelständischen Prägung der deutschen Wirtschaft ergibt sich eine besondere Relevanz für die kleinen und mittelständischen Unternehmen. Diese werden zukünftig verstärkt vom Wettbewerb um die besten Nachwuchs- und

Fachkräfte betroffen sein, da sie im Vergleich zu Großunternehmen als Produkt- und Arbeitgebermarke weniger bekannt sind und aufgrund der mittelständischen Strukturen stärkeren Entgeltrestriktionen unterliegen. Mit knapp 20 Millionen Angestellten stellen die KMUs über 70 Prozent der deutschen Arbeitnehmer ein.

Anhand einer Kienbaum-Studie aus dem Jahr 2014 verfügen lediglich 5 Prozent der Unternehmen über eine komplett ausgearbeitete Employer-Branding-Strategie. 17 Prozent der Unternehmen haben sich noch überhaupt nicht mit dieser Thematik auseinandergesetzt (Kienbaum Institut, 2014). Im Jahr 2015 gaben bereits 16 Prozent an, eine komplett ausgearbeitete Strategie zu haben, und nur noch 4 Prozent hatten sich noch nicht mit dieser Thematik auseinandergesetzt (Kienbaum Institut, 2017). Obwohl der Wert der Arbeitgebermarke bekannt ist, haben viele Unternehmen nicht die erforderlichen Ressourcen dafür oder meinen sie nicht zu haben (Stock-Homburg, 2012).

Diese Entwicklung stützt das zunehmende Interesse und somit die Relevanz der Thematik. Paul Watzlawick postulierte schon, dass jede Kommunikation Verhalten ist und dass es demzufolge unmöglich ist, nicht zu kommunizieren – genauso wie es unmöglich ist, sich nicht zu verhalten (Watzlawick et al., 2016). Daher ist Employer Branding auch keine Aktionsoption, bei der man sich dagegen oder dafür entscheiden kann. Es findet passiv statt, unabhängig davon, ob man es will oder sich dessen bewusst ist (Radermacher, 2013). Die Diskussion, ob Employer Branding eine tatsächliche Relevanz aufweist, ist deshalb obsolet. Daher sollten Unternehmen sich nicht mit der Frage nach der Dringlichkeit beschäftigen, sondern direkt mit der Frage wie sie Employer Branding in ihrem Unternehmen umsetzen.

2.2 Das Generationenkonzept

In diesem Abschnitt erfolgt ein Überblick zu den Vorgängergenerationen bis hin zu der in dieser Arbeit vorgestellten Gen. Z, wofür die Jahrgangskohorten der Generationengliederung von Klaffke (2014) übernommen wurden. Unter einer Generation wird eine gesellschaftliche Kohorte verstanden, die Geburtsperiode und prägende gemeinsame Erlebnisse in Kindheit und Jugend teilt. Wie ein Individuum seine Umgebung und sein Leben wahrnimmt, ist also stark durch die Generationszugehörigkeit determiniert. Differenzierende Erwartungshaltungen verschiedener Altersgruppen sind jedoch an sich kein neues Phänomen. Neuartig sind aber die grundlegenden Rahmenbedingungen, unter denen die Vertreter aufwachsen (Klaffke, 2014). Eine Klassifizierung von Kohorten ist daher empfehlenswert, jedoch stets nur bedingt möglich, da einige Generationenvertreter nicht dem Stereotyp entsprechen und somit die Gefahr einer irrtümlichen Kategorisierung besteht (Scholz, 2014). Dennoch lassen sich für jede Generation dominante Werte bestimmen, weshalb eine Generation als dynamisches Konstrukt wahrgenommen werden kann. Die Grenzen zwischen den einzelnen Kohorten sind nicht als starr zu betrachten, sondern eher fließender Natur. Die

Tab. 1: Generationenkonzept

	Babyboomer	Generation X	Generation Y	Generation Z
Jahrgang	ab 1945	ab 1965	ab 1981	ab 1995
Umwelt	Nachkriegsgeneration, Wirtschaftswunder, Emanzipation der Frauen	beginnende Arbeitslosigkeit, politisches Wettrüsten, Ölkrise	Globalisierung, Internationalisierung, Börsencrash	Finanz- und Wirtschaftskrise, Mediatisierung, Multikulturalisierung
Verhalten in der Arbeitswelt	strukturiert, regelmäßiger Austausch im Team, Pflege von Beziehungen und Netzwerken	ergebnisorientiert, technisch versiert, teilen Macht und Verantwortung	Führungspositionen eher zweitrangig, eher projektbezogenes Arbeiten und Fachlaufbahnen	digitaler Entrepreneur, möglichst flexibel
Ziele	Schnell in Führungspositionen aufsteigen	Job Sicherheit, Versorgung der Familie, Sicherung der Altersvorsorge	Gesundheit, Familie	persönliche Einkommens- und Lebenslustmaximierung
Präferenzen	Arbeit	Work-Life-Balance, Gleichberechtigung, Humanisierung	Vernetzung & Teamwork, Gesundheit, Gerechtigkeit	strikte Trennung von Beruf und Privatleben
Kommunikations-medium	Telefon	E-Mail und Mobiltelefon	Web 2.0	Handy und Tablet
Charakteristika	Gesundheit, Idealismus, Kreativität, Teamorientierung, Karriereorientierung	Unabhängigkeit, Individualismus, Pragmatisch, Selbstständig	Sachen hinterfragen, Hohe Anspruchshaltung, Leben im Hier und Jetzt	Eskapismus, alles ist möglich
Arbeitsmotivation	Persönliches Wachstum, Gefühl, gebraucht zu werden	Beruflicher Fortschritt, Freiheit	Selbstverwirklichung, Vernetztsein	hohe Feedbackkultur
Leitsatz	Leben, um zu arbeiten.	Arbeiten, um zu leben.	Arbeit und Leben verbinden.	Hier die Arbeit, da mein Leben.

Quelle: Eigene Darstellung in Anlehnung an Klaffke, 2014, S. 27 ff.

Diskontinuität der Werte innerhalb der Gesellschaft wird anhand des Generationen-konzepts deutlich. Der Wertewandel lässt sich von Generation zu Generation beobachten.

Generationenforscher Scholz (2014) ist überzeugt, die Gen. Z stecke mit ihren Denkmustern die der Vorgängergenerationen an und sorgt damit für einen generationenübergreifenden Wertewandel. Somit können sich die aufgeführten Charakteristika und Eigenschaften, wie in Tab. 1 dargestellt, im Laufe der Zeit verändern, da Rückkopplungen durch andere Generationen Veränderungen der eigenen Kohorte nach sich ziehen können. Da die Generationskohorte der Traditionalisten im Berufsleben keine Rolle mehr spielt, werden nur die Generation Babyboomer und die Generationen X, Y und Z dargestellt.

Bei Betrachtung des Verhaltens in der Arbeitswelt agiert die Generation der Babyboomer besonders sozial. Sie legen besonderen Wert auf einen regelmäßigen Austausch im Team sowie auf die Pflege von Beziehungen und Netzwerken. Besonders motivieren lässt sich die Generation durch das Gefühl, gebraucht zu werden.

Die Generation X ist unter der Rahmenbedingung der wachsenden Arbeitslosigkeit aufgewachsen und Charakteristika wie Unabhängigkeit und Individualismus sind stärker ausgeprägt, ganz nach dem Motto: arbeiten, um zu leben. Inmitten einer globalisierten und internationalisierten Umwelt wächst die Generation Y auf. Das Leben im Hier und Jetzt ist für sie besonders wichtig, so sind Führungspositionen eher von sekundärer Wichtigkeit. Sie wollen Arbeit und Leben verbinden und dem Drang nach Selbstverwirklichung in ihrer Arbeit folgen. So erfreuen sich bei dieser Generation gerade Fachlaufbahnen und projektbezogenes Arbeiten höherer Beliebtheit. Während die emotionale Bindung und Loyalität zum Arbeitgeber bei der Generation Y schon geringer geworden sind, sind sie bei der im folgenden Abschnitt vorgestellten Nachfolgergeneration kaum mehr vorhanden (Cne Pflegemanagement, 2015).

2.3 Die Generation Z

Die Generation Z, auch als iGeneration bekannt, schließt im weitesten Sinne alle Individuen ein, die im und nach dem Jahr 1995 geboren sind. Diese Generation ist die erste, die von Geburt an in der digital vernetzten Welt des Internets aufgewachsen ist. Wann genau die Jahrgangskohorte der Gen. Z beginnt und endet, wurde von Autoren unterschiedlich definiert. Die in dieser Arbeit verwendete Jahrgangskohorte basiert auf den Angaben renommierter Generationenforscher wie Klaffke (2014) und Scholz (2014). Demnach schließt die Gen. Z alle Individuen der Geburtenjahrgänge 1995 bis 2010 ein.

Scholz unterstellt der Generation ein ganz neues Selbstverständnis in Bezug auf die Arbeitswelt, das durch einen fundamentalen Wertewandel losgetreten wurde (Welt, 2017). Laut Singh repräsentiert gerade diese Generation „the greatest generational shift the workplace has ever seen" (Singh, 2014, S. 63).

Als das Kommunikationsmittel Nummer eins ist das Smartphone bei der Berufswahl für die Generation nicht mehr wegzudenken. Der zunehmende Trend hin zur Onlinebewerbung innerhalb der letzten Jahre ist nicht zu übersehen. So ist es naheliegend, dass die mobile Jobsuche als weitere Konsequenz der Digitalisierung anzusehen ist. Die Art und Weise der Kommunikation ändert sich dadurch ebenfalls. Die Generation Z sind meist visuelle Menschen, schauen lieber Bilder und Videos an, als zu lesen, und sprechen lieber, als zu schreiben. Sie wertschätzen schnelle Kommentare, ohne auf Genauigkeit zu achten, um schnell ihre Aufgaben zu erledigen (MyEsomar, 2017). Voraussichtlich wird jeder zweite Vertreter dieser Generation ein abgeschlossenes Studium nachweisen können, während bei der Generation Y nur jeder Dritte und bei der Generation X sogar nur jeder Vierte dies von sich behaupten kann (Palley, 2012). Neben einem höheren Bildungsstandard ist ein Trend zur Wohlstandspolarisierung festzustellen (Klaffke, 2014). Diese Tatsache stützt die Vermutung, dass die Gen. Z den Wert eines Individuums zunehmend nach Leistungsfähigkeit beziehungsweise Ausbildung misst.

Jobanfragen über als privat erachtete soziale Netzwerke wie Facebook, Instagram, WeChat, Twitter ist misstrauisch gegenüberzutreten und sie werden größtenteils als unseriös empfunden. Stattdessen betrachten viele der jungen Vertreter der Generation Z ihre Eltern als wichtigste Informationsquelle. Seitens der Arbeitgeber ist gerade die mangelnde Loyalität ein großes Problem. Viele Arbeitnehmer haben zuvor erfahren, wie gering die Loyalität seitens der Unternehmen gegenüber ihren Mitarbeitern in Krisensituationen ist. Die Realisten ziehen ihre Konsequenzen daraus und sind sich zusätzlich ihrer herausragenden Position dank der demografischen Entwicklung bewusst (Cne Pflegemanagement, 2015). Berufliches und Privates wollen sie dabei jedoch trennen. Scholz (2014) nimmt an, dass sich Arbeitsmodelle wie Homeoffice einer geringeren Beliebtheit erfreuen. Stattdessen wollen sie sich lieber den Arbeitsplatz persönlich und wohnlich einrichten, um maximalen Wohlfühlcharakter zu erhalten. Kleine Büros werden daher präferiert und Großraumbüros eher gemieden. Auf der Suche nach Anerkennung tendieren sie zur Selbstinszenierung, dem Drang nach Aufmerksamkeit und sind auf der Suche nach Möglichkeiten zur Selbstverwirklichung. Der Drang nach Anerkennung und Selbstverwirklichung hat typische Ziele wie Statussymbole der Vorgängergenerationen abgelöst. Diese Ansicht stützt Hesses und Mattmüllers (2015) Beschreibung der Digital Natives, die darin hauptsächlich als Einzelkämpfer eingeordnet werden. Inmitten einer dynamischen und schnelllebigen Umwelt sehnen sie sich nach Substanz und Stabilität. Dieser Wunsch nach Stabilität spiegelt sich ebenfalls bei der Arbeitswahl wider.

Der Arbeitsweltexperte Scholz (2014) stellt die Annahme auf, dass die Z-ler gerade geregelte Arbeitszeiten, unbefristete Verträge sowie eine Vorgabe von klar definierten Strukturen im Job wünschen, denn die negativen Effekte durch Symbiose von Beruf und Privatleben hatte die Generation bereits bei ihren Eltern, also überwiegend Vertretern der Generation X, beobachten können. So werden nach dem Feierabend meist auch keine Arbeitsmails mehr gelesen, weil die Z-ler nicht mehr an eine faire Fusion von Job und Privatleben glauben.

Schlüsselwörter in Stellenangeboten, wie Work-Life-Blending, also die Vermischung von Arbeit und Freizeit, erzielen möglicherweise eher einen negativen Effekt. Die Generation baue immer weniger Bindung zu Unternehmen und Marken auf. Auch ein geringeres Interesse an Führungsverantwortung ist charakteristisch. Scholz (2014) empfiehlt eine feste Grundlage, wie beispielsweise feste Arbeitszeitkontingente mit klarem Dienstschluss, die jedoch von den Z-lern eigenverantwortlich erfüllt werden. Für diese Generation gilt: Je mehr Mitbestimmung und je mehr Eigenbeteiligung, desto besser die Leistung. Daher empfiehlt es sich, flexible Arbeitszeitpakete anzubieten. Der moderne Arbeitstrend Homeoffice ist nur dann attraktivitätssteigernd, wenn der Mitarbeiter selbst aussuchen darf, wann und ob er überhaupt von zu Hause aus arbeitet. Des Weiteren ist den jungen Akademikern wichtig, entsprechend ihren Qualifikationen eingesetzt zu werden (Handelsblatt, 2017). Gerade dies ist in der Unternehmenspraxis häufig nicht der Fall. Somit gibt eine Vielzahl der kürzlich Graduierten an, unterbeschäftigt zu sein. Im Unternehmen arbeiten die Mitglieder der Z-ler für ihren persönlichen Erfolg und stellen aufgrund ihrer Leistungsorientierung auch die Anforderung einer entsprechenden Entlohnung (Hesse & Mattmüller, 2015). Das Arbeiten auf Augenhöhe ist ihnen wichtig und Respekt basiert für sie auf Kompetenz und Erfahrung statt auf Status und Macht. In Bezug auf Führungsstrukturen werden daher auch flache Hierarchien und eine partnerschaftliche Zusammenarbeit mit Führungskräften gefordert, um Mitarbeiter nachhaltig zu motivieren und an das Unternehmen zu binden.

3 Methode

In der vorliegenden Studie wurde die Befragung als Methode der Primärforschung gewählt. Mittels dieses Ansatzes können qualitative sowie quantitative Daten gewonnen werden. Die Befragung kann mündlich, also persönlich oder telefonisch, und nicht mündlich, also schriftlich und online, erfolgen (Eckey, 2008). Die Autorin hat sich für die schriftliche Befragung mittels eines standardisierten Fragebogens entschieden, welche den Vorteil hat, ein hohes Maß an Vergleichbarkeit zu gewährleisten. Ebenfalls sind die vereinfachte Verbreitung durch das Internet sowie die zeitliche Unabhängigkeit der Testpersonen zur Beantwortung des Fragebogens als Vorteile zu nennen. Die schriftliche Befragung ist in Relation zu anderen Erhebungsmethoden eine kostengünstige Untersuchungsvariante und eignet sich demnach zur Generierung einer großen Stichprobe (Atteslander, 2008; Bortz & Döring, 2006). Durch das Zusammenfassen der Stichprobe in Form der Generation Z wird eine hohe Standardisierung erreicht (Atteslander, 2008). Die Anonymität der schriftlichen Datenerhebung wirkt sich positiv auf das Maß an Glaubwürdigkeit bei der Fragenbeantwortung aus (Bortz & Döring, 2006).

Allerdings erfordert die Fragebogenkonstruktion im Vorfeld eine gute Strukturierung des Befragungsinhalts, da im Vergleich zu einer mündlichen Befragung Inhalte nicht mehr nachträglich konkretisiert werden können (Raab-Steiner & Benesch, 2008). Des Weiteren ist es nicht empfehlenswert, Kauf-, Verwendungs- oder Arbeitgeberwahlentscheidungen von einer direkten Befragungstechnik zu erfassen, da diese anhand dieser Technik nicht exakt erfasst werden (Green et al., 1988). Mittels der gewährleisteten Anonymität verringert diese Vorgehensweise die Gefahr der sozialen Erwünschtheit, indem sie die unbewusste Willenslenkung der Testpersonen umgeht und somit die Objektivität und Neutralität hinsichtlich der Beantwortung der Fragen steigert (Simon & Sebastian, 1995). Vorteile der quantitativen Auswertung einer standardisierten Befragung sind außerdem die Objektivität und Validität der Ergebnisse.

4 Empirische Studie

4.1 Stichprobenbildung

Im Folgenden wird die Bestimmung der Stichprobe beschrieben. Im Fokus dieser empirischen Untersuchung liegt die Generation Z. Dies bedeutet für diese Studie die Beschränkung auf die Jahrgänge 1995 bis einschließlich 2010. Gemäß aktuellen Berechnungen des Statistischen Bundesamtes entspricht dies 12,3 Mio. Menschen in Deutschland und macht einen Anteil von 15 Prozent der Gesamtbevölkerung aus. Die Vertreter dieser Geburtenjahrgänge stellen die Menge aller potenziellen Probanden dieser Studie dar und bilden somit die Grundgesamtheit, also die Menge aller Individuen oder Objekte, über die eine Aussage getroffen werden soll (Kauermann & Küchenhoff, 2011).

Da die Vollerhebung sehr kostspielig ist, wird in dieser Arbeit die in der Praxis dominierende Teilerhebung angewendet. Bei der Teilerhebung wird eine Stichprobe n aus der Grundgesamtheit N gezogen, wobei diese als endliche Teilmenge der Grundgesamtheit verstanden wird. Um Rückschlüsse ziehen zu können, muss die Teilmenge repräsentativ für die Grundgesamtheit sein, d. h. dieselben Merkmale wie die Grundgesamtheit aufweisen. Dabei ist die Repräsentativität der Stichprobe vom Stichprobenumfang und vom Auswahlverfahren abhängig. Insgesamt nahmen 99 Personen an der Befragung teil. Schließt man alle Fälle mit Missing Values bei den hier relevanten Indikatoren aus, so reduziert sich die Stichprobengröße auf 73 vollständige Datensätze. Um möglichst viele Probanden zur gleichen Zeit befragen zu können, entschied sich die Autorin für eine Onlinebefragung. Die Distribution des Fragebogens erfolgte an Schulen, Universitäten und im privaten Umfeld.

4.2 Fragebogenentwicklung

Die Entwicklung der Umfrage wurde in Anlehnung an den theoretischen Teil dieser Arbeit durchgeführt. Der erste Block des Fragebogens bezieht sich auf die soziodemografischen Daten wie Geschlecht, Geburtenjahrgang und den höchsten aktuellen Bildungsgrad. Diese Fragen haben die Funktion, Auskunft über die soziodemografischen Unterschiede innerhalb der Generation zu geben. Auf der darauffolgenden Fragebogenseite wird der Teilnehmer anhand der Einstiegsfragen zur Thematik hingeführt. Die zu testende Person wird um die Angabe ihrer Branchenpräferenzen gebeten und welche Unternehmensgröße die Person bevorzugt. Im Anschluss werden die Probanden mittels einer 5-stufigen Ratingskala bezüglich ihrer subjektiven Ausprägung zu den in Abb. 1 dargestellten Arbeitgeberkriterien befragt. Ebenfalls werden Werte der Generation Z abgefragt. Werte und Werthaltungen sind Vorstellungen von etwas Wünschenswertem, denen weitreichender Einfluss auf das Handeln nachgesagt wird (Kluckhohn, 1951). Durch die zeitliche Konsistenz, die zentrale Stellung im psychischen System und ihrer Verhaltensrelevanz wird ihnen eine handlungsleitende Funktion beigemessen (Staehle & Conrad, 1994). Des Weiteren beeinflussen sie durch ihren Orientierungscharakter die Situationswahrnehmung (Kollar & Stengel, 1990). Die Verknüpfung von Werten und Arbeitgeberpräferenzen scheint dahin gehend sinnvoll, dass ein Individuum mit der Umsetzung von Werten in Verhalten seine individuellen Bedürfnisse befriedigt. Daher kann die Analyse der Dimensionen der Arbeitgeberwahl mit Werten verbunden werden (Herrmann, 1996). Die Messung des Employer Brand über Rangordnungen von Anforderungskriterien und Werten wird in der einschlägigen Forschung auch Employer Brand Scale genannt. Hierzu gibt es bereits Studien bzw. dafür entwickelte Fragebögen (Hillebrandt & Ivens, 2013; Tanwar & Prasad, 2017). Die hier vorliegende Studie lehnt sich aber an eine Studie von E-fellows an (E-fellows, 2005). Die E-fellows-Studie wurde im Rahmen eines Kooperationsprojekts der Leipzig Graduate School of Management zusammen mit tns infratest Bielefeld, der Zeitschrift „Die Zeit" und E-fellows durchgeführt. Den Probanden wurde zur Erfassung der Arbeitgeberkriterien eine Anforderungsbatterie anhand von 46 Anforderungskriterien vorgelegt. Inhaltlich werden die Kriterien in die Bereiche Unternehmenskultur, Arbeitsinhalte, Kompensation/Gehalt, Work-Life-Balance, Unternehmensimage, Standortattraktivität sowie Nachhaltigkeit der Unternehmensführung eingeteilt. Zur Evaluation der Werte und Ziele wurden 29 Items vorgelegt. Die Basis für den Kriterienkatalog bildet eine Literaturrecherche, die nochmals kritisch in Form von Expertengesprächen mit Personalentscheidern diskutiert wurde (Böttger, 2012). Im Rahmen von Böttgers Analyse wurden nur High Potentials zur Befragung herangezogen, um spezifische Unterschiede und Cluster zu evaluieren.

4.3 Aufbau und Inhalt des Fragebogens

Im Folgenden werden der Aufbau und Inhalt des Fragebogens näher beschrieben. Der Fragebogen gliedert sich in drei wesentliche Bestandteile: Die Einleitung, den Hauptteil mit der Befragung und den Schluss. Neben dem Aufbau ist inhaltlich von primärer Wichtigkeit, die Geburtenjahrgänge auf die gewünschte Generation zu beschränken. Einleitend werden daher die soziodemografischen Daten wie der Geburtenjahrgang sowie das Geschlecht abgefragt.

Einleitung

Auf der ersten Seite des Fragebogens wurde ein kurzes Anschreiben verfasst, um den Probanden direkt einen thematischen Überblick des vorliegenden Fragebogens zu verschaffen sowie sie direkt mit den relevanten Informationen zur Bearbeitung zu versorgen. Im kurzen Einleitungstext wird der Proband begrüßt und neben dem Ziel der Untersuchung auch die themenbezogene Relevanz aufgegriffen. Die daran anknüpfende Rahmenbedingung, dass sich nur Probanden der Geburtenjahrgänge von 1995–2010 für den Test eignen, ist ebenfalls aufgeführt. Der kurze Einleitungstext dient dazu, vorab zu klären, ob sich der Proband innerhalb der Jahreskohorte der Generation Z befindet, um bei Nichteignung der Testperson zeitliche Mühen zu ersparen. Trotzdem wird durch die Abfrage des Geburtenjahrgangs sichergestellt, ob die Testperson sich auch wirklich in der Zielgruppe befindet. In der Einleitung wird dem Probanden das Ziel der Untersuchung nähergebracht. Gleichzeitig dient sie dazu, Interesse zu wecken und die Motivation hinsichtlich einer gewissenhaften und wahrheitsgetreuen Beantwortung der Fragen zu steigern. Der Bezug zur Thematik sowie die Angabe der voraussichtlichen Bearbeitungsdauer sollen die Bereitschaft für die vollständige Bearbeitung des Fragebogens erhöhen. Darüber hinaus informiert das Anschreiben über die anonyme und vertrauliche Behandlung der Angaben. Abschließend folgt in der Einleitung eine Dankesformel für die Bearbeitung des Fragebogens. Aufgrund der Richtlinien ethischer Forschung wird der Proband auf der ersten Seite nach seiner Freiwilligkeit bei der Studienteilnahme befragt. Gemäß Porst (2009) sollen Einstiegsfragen die Probanden vor allem persönlich betreffen und spannend, aber auch technisch einfach gestaltet sein.

Hauptteil

Im Hauptteil sind die zu beantwortenden Fragen in drei übergeordnete Themenblöcke aufgeteilt. Der erste Block untersucht die personenbezogenen Angaben, sprich die Rahmendaten zur Person, wobei vor allem demografische Angaben wie Geburtenjahrgang und Geschlecht von Relevanz sind. Die Beantwortung dieser allgemeinen Fragen erleichtert den Einstieg in den Fragebogen. Mittels der daraus gewonnenen Daten können bei der Auswertung wesentliche geschlechtsspezifische Unterschiede ermittelt werden.

Gegenstand des zweiten Blocks sind die bevorzugte Bewerbungsart sowie größen- und branchenspezifische Präferenzen. Auch die bevorzugten Quellen bei der Informationssuche für einen neuen Arbeitgeber werden erfragt. Die daraus gewonnenen Erkenntnisse zu verschiedenen Kommunikationswegen und -medien ermöglichen es, Rückschlüsse zu ziehen und diese im späteren Verlauf der Studie in Form von Maßnahmenempfehlungen im Rahmen der Kommunikationsstrategie auszusprechen.

Der dritte Block umfasst den größten Teil der Befragung mit der Ermittlung der relevantesten Ziele und Werte für die Generation Z sowie der Kriterien, die bei der Arbeitgeberwahl eine Rolle spielen. Die Summation von themenverwandten Fragen dient der einfachen Verständlichkeit und der Vermeidung von Gedankensprüngen seitens der Testteilnehmer und soll somit die Bearbeitung erleichtern. Der Proband kann bei der Übersicht der Attraktivitätsfaktoren sowie bei der Angabe der Werte und Ziele anhand einer fünfstufigen Likert-Skala seine individuelle Präferenz auswählen.

Da auf den Anforderungskriterien im Rahmen der empirischen Arbeit ein besonderer Fokus liegt, werden diese zur besseren Anschaulichkeit in Abb. 1 näher dargestellt. Die Kriterien lassen sich, wie bei der Präferenzanalyse nach Grobe (2003), in vier Leistungsmerkmale gliedern: Mensch und Kultur, Jobeigenschaften, Ansehen und Image des Arbeitgebers, Gehalt und Aufstiegsmöglichkeiten.

Mensch und Kultur	**Jobeigenschaften**
Das soziale Umfeld und die Eigenschaften des Arbeitsplatzes	*Die Inhalte & Anforderungen des Jobs, einschließlich Weiterbildungsmöglichkeiten*
- Hohe Sozialleistungen - Gute Aufstiegsmöglichkeiten - Mitarbeiter werden gefördert - Viele Urlaubstage - Offene Unternehmenskultur	- Flache Hierarchien - Internationalität - Viele Freiheiten - Ehrliches Arbeitsklima - Herausfordernde Aufgaben - Sabbatical/ Teilzeitarbeit möglich
Ansehen und Image des Arbeitgebers	**Gehalt und Aufstiegsmöglichkeiten**
Die Eigenschaften des Arbeitgebers als Unternehmen	*Die monetäre Vergütung und Zusatzleistungen, aktuell und in der Zukunft*
- Attraktive Branche - Guter Ruf des Unternehmens - Attraktiver Standort des Unternehmens - Ausrichtung auf langfristige Gewinnerzielung - Persönlichkeit des Inhabers/ CEO - Gute Referenzen ehemaliger und aktueller Mitarbeiter - Gute Beurteilung der Produkte/ DL - UN übernimmt gesellschaftliche Verantwortung	- Zusatzleistungen (Firmenwagen, Laptop, etc.) - Kompensation/ Gehalt - Aktienoptionen - UN-Kultur orientiert sich am Shareholder-Value - Vielfältige Weiterbildungsmöglichkeiten

Abb. 1: Übersicht der Anforderungskriterien (Quelle: Eigene Darstellung)

Schluss

Am Ende der Umfrage wurde erneut der Dank für die Bearbeitung des Fragebogens ausgesprochen. Hier erhält der Proband noch die Kontaktdaten der Autorin für weitere Rückfragen sowie Anregungen.

4.4 Datenerhebung

Die Datenerhebung wurde in Form einer Onlinebefragung vom 07.01.2018 bis zum 20.02.2018 durchgeführt. Es fand eine deutschlandweite Umfrage der Generation Z statt, für deren Verteilung soziale Netzwerke wie Facebook und Instagram sowie der Verteiler der FOM Hochschule für Oekonomie und Management verwendet wurden. Des Weiteren wurden zur Befragung deutschlandweit über 150 Schulen kontaktiert. Um möglichst jedes Bildungsniveau der Generation Z zu befragen, wurde der Fragebogen an viele unterschiedliche Schulformen versendet. Dabei wurden sowohl Haupt- und Realschulen als auch Gymnasien und Berufsschulen sowie Fachoberschulen und Berufsoberschulen kontaktiert.

Der Fragebogen wurde unter der Verwendung der Onlineumfrageapplikation So-SciSurvey angefertigt und lässt sich in zwei verschiedene Fragekategorien einteilen:
– **Einstiegsfragen:** statistische bzw. soziodemografische Daten: Jahrgang, Form der Berufserfahrung (Praktikum, Teilzeit-/Vollzeitjob, Werkstudent etc.), Berufs-erfahrung in Jahren, Geschlecht
– **Weiterführende Fragen:** Angabe der Branchen- und Größenpräferenzen sowie Werte und Anforderungskriterien anhand 5-stufiger Likert-Skala

4.5 Pretest

Um Fehler zu vermeiden, empfiehlt es sich, einen oder mehrere Pretests vor der tatsächlichen Untersuchung durchzuführen (Mayer, 2013). Im ersten Schritt werden die Ergebnisse einer Fehleranalyse unterzogen, sodass der Fragebogen entsprechend angepasst werden kann. Im Rahmen des Pretests unterliegt der Fragebogen einer Qualitätsprüfung hinsichtlich unterschiedlicher Faktoren mittels einer zielgruppen-ähnlichen Stichprobe. Es wurden insgesamt fünf Vertreter der Generation Z befragt. Die Stichprobenauswahl richtet sich analog zur Stichprobenbildung der empirischen Untersuchung nach dem Hintergrund der eingegrenzten Geburtenjahrgänge 1995 bis 2010.

Der Pretest wurde am 20.11.2017 durchgeführt. Um eine nicht zu zeitintensive Durchführung zu ermöglichen, wurde die Befragung telefonisch durchgeführt. Der Vorteil bei der persönlichen Befragung ist die individuelle Befragung der Testperson, mit der Option mögliche Unklarheiten unmittelbar zu beseitigen und gegebenen-falls eine Anpassung im Fragebogen vorzunehmen. Dies gibt dem Testdurchführer die Möglichkeit, bereits während der Bearbeitung missverständliche Fragen oder Antwortmöglichkeiten zu klären. Im Umkehrschluss konnten die Pretestteilnehmer mündlich Kommentare, Meinungen, Fragen und Kritik äußern. Anhand der Äuße-rungen wird Optimierungsbedarf festgestellt. Dies ermöglicht die frühzeitige Auf-deckung von Verbesserungspotenzialen, um entsprechende Anpassungen am Test vorzunehmen. Durch direktes Erfragen, ob die jeweiligen Indikatoren verständlich sind, konnte geklärt werden, dass dies für alle zutrifft. Die mögliche Redundanz von Fragen wurde einstimmig von den Testpersonen verneint. Somit wurden keine Indikatoren gestrichen oder abgeändert. Bei der Nachfrage, ob die Skalierung genügend Differenzierung bietet, wurde dies einheitlich von allen 10 Testpersonen bestätigt. Die 5-stufige Skalierung wurde auch von allen Testpersonen nicht als zu weit gefächert empfunden. Hinsichtlich der Übersichtlichkeit und der Gestaltung bestand kein Optimierungsbedarf. Die Bearbeitungsdauer von durchschnittlich acht Minuten lag im geplanten Zeitrahmen, der angestrebt wurde, um die Zeit des Probanden nicht zu lang in Anspruch zu nehmen. Bei der Angabe der bevorzugten Unternehmensgröße wurde allerdings bemängelt, dass die Option der indifferenten Antwort („Ist mir egal") nicht gegeben war. Diese wurde im Nachgang hinzugefügt.

4.6 Beurteilung der Datengüte

Am Ende einer Studie ist es wichtig, die Qualität der erhobenen Daten in Form einer Gesamtreflexion einzuschätzen, um falschen Schlüssen bei der Ableitung von Maßnahmen entgegenzuwirken (Grunwald & Hempelmann, 2012). Zunächst werden tabellarisch die allgemeinen Informationen zu dem Test anhand Tab. 2 zusammengefasst.

Beim Einsatz quantitativer Methoden werden bei der Qualitätsbeurteilung der Daten drei sogenannte Hauptgütekriterien unterschieden, die im Folgenden kurz skizziert werden (Bühner, 2010). Diese sind ebenfalls unter den Gütekriterien der Messung bekannt und lassen sich in Objektivität, Reliabilität und Validität unterteilen (Aeppli, 2016).

Tab. 2: Fragebogenanforderungen

Anforderungen an den Fragebogen	Umsetzung
Zielgruppendefinition	Alle Individuen innerhalb der Generation Z
Stichprobendesign	Willkürliche Auswahl, Teilerhebung
Form der Befragung	Onlinebefragung
Fragetechnik	Geschlossene Fragen
Skalenbeschreibung	Fünf Skalenpunkte für metrische Skala von „gar nicht wichtig" bis „äußerst wichtig"
Fragestellung	Einfache, neutrale Formulierung
Gliederung Fragebogen	Themeneinführung und Angaben zur Person zu Beginn, Abfrage von Größen- und Branchenpräferenz, Ziele & Werte sowie Kriterien des Arbeitgebers
Testlauf	1. Schritt: Pretest im Rahmen des Freundeskreises 2. Schritt: Anonyme Online-Befragung
Gütekriterien	Kriterienprüfung erfolgreich abgeschlossen

Quelle: Eigene Darstellung

Die Objektivität gibt an, inwiefern das Testergebnis davon abhängig ist, wer die Untersuchung durchgeführt hat. Sie lässt sich erneut in Durchführungsobjektivität, Auswertungsobjektivität und Interpretationsobjektivität gliedern (Bortz & Döring, 2006). Demnach sollte es keine Rolle spielen, wer den Test durchführt, die Resultate auswertet oder interpretiert. Dadurch, dass der Proband den Test vollständig in Eigenregie durchführen kann, ist das Kriterium der Durchführungsobjektivität gegeben.

Die Reliabilität, auch Zuverlässigkeit, gibt die Unabhängigkeit eines Messergebnisses vom Messvorgang an, also die Reproduzierbarkeit der Ergebnisse unter genau den gleichen Messbedingungen, und gibt somit den Grad der Zuverlässigkeit eines Instruments an. Bei einer perfekten Messgenauigkeit ist kein Messfehler bei der Messung unterlaufen, was jedoch in der Praxis nie der Fall ist. Dies begründet sich darin, dass die Testteilnehmer müde oder unkonzentriert sein können oder technische Störungen bei den Messinstrumenten vorliegen können.

Das letzte und wichtigste Testgütekriterium im Bereich der grundlegenden Gütekriterien ist die Validität. Es wird unter anderem zwischen interner und externer Validität unterschieden, wobei die interne Validität wiedergibt, inwiefern sich ein Messwert tatsächlich auf eine bestimmte Ursache zurückführen lässt, während sich die externe Validität auf die Übertragbarkeit der Untersuchungsergebnisse auf einen realen Kontext bezieht (Grunwald & Hempelmann, 2012). Die interne Validität bezieht sich auf störende Einflüsse, sogenannte Störvariablen. Gerade wenn Versuchspersonen beobachtet werden, ist dies eine typische Störvariable. Durch die virtuelle Bearbeitung des Fragebogens wird diese Variable eliminiert und dies sichert eine gute interne Validität.

Die Methode der Onlinebefragung zur Erhebung von Daten birgt jedoch auch einige Nachteile in Bezug auf die Datengüte. Die Optionen, eine Antwort detaillierter auszuführen oder Nachfragen durch den Versuchsleiter, sind nicht gegeben. Oftmals sind die Informationen über die Grundgesamtheit unzureichend. Bei den quantitativ orientierten Methoden sind die Fragen und die möglichen Antworten stärker standardisiert, d. h., sie sind für alle Befragten im Wesentlichen gleich, was den Vorteil bietet, eine große Anzahl von Antworten miteinander vergleichen bzw. aggregieren zu können. Ob jedoch das gewünschte Ergebnis bei einer reinen Onlinestudie erzielt werden kann, ist fraglich, da unmittelbare und direkte Reaktionen auf ein Objekt nicht erfasst werden können. Zudem ist ungewiss, ob sich der Testteilnehmer in die vorgegebene Situation hineinversetzen kann. Die Methodik der schriftlichen Befragung ist besonders sensibel gegenüber absichtlichen Verfälschungen der Antworten durch den Probanden. Gerade bei sozial erwünschten Antworten sowie der Tendenz zu neutralen Antwortkategorien spielt dies eine herausragende Rolle (Raab-Steiner & Benesch, 2008). Wenn die Beantwortung ohne Testaufseher in elektronischer Form via Internet erfolgt, entsteht laut Schnell et al. (2005) das Problem der schwer kontrollierbaren Erhebungssituation. Zur Prüfung der Güte wurden also alle Kriterien bis auf wenige Ausnahmen erfüllt, sodass im nächsten Abschnitt die Interpretation der Ergebnisse folgen kann. Abschließend ist anzumerken, dass zwischen den Untersuchungsergebnissen und dem konkreten

Verhalten aufgrund von nicht gemessenen und meist auch nicht messbaren situativen Faktoren jedoch gravierende Unterschiede auftauchen können (Süß, 1996).

5 Ergebnisse

5.1 Darstellung und Interpretation

Um ein Verständnis für die Wahrnehmung der Generation Z auf dem Arbeitsmarkt zu erhalten, ist es zunächst einmal wichtig, die Werte der Generation sowie die Erwartungen an den Arbeitgeber genauer zu untersuchen. Welche Anforderungen sind also die wichtigsten und welche von geringerer Bedeutung?

Im Folgenden werden dazu die wichtigsten Ergebnisse vorgestellt und interpretiert. Die dazugehörige Datenauswertung der Onlinefragebögen erfolgt mithilfe der Statistiksoftware R mit dem Fokus auf die Häufigkeitsverteilung. Die Auswertung umschließt dabei die Ermittlung der gebräulichsten Lageparameter wie arithmetisches Mittel, Median und Modus (Böhler, 2004). Der Median als Zentralwert teilt die Werte nach ihrer Größe in zwei Hälften auf und lässt auch eine Berechnung mit ordinalskalierten Daten zu. Der Modus als häufigster Beobachtungswert einer Häufigkeitsverteilung kann ebenfalls aus ordinalskalierten Daten ermittelt werden, ist innerhalb dieser Analyse jedoch nicht weiter von Bedeutung. Zu den wichtigsten univariaten Streuungsparametern gehören die Varianz, die Standardabweichung und die Spannweite. Da die Varianz aus dem arithmetischen Mittel gebildet wird und die Standardabweichung aus der Varianz, sind diese beiden Lageparameter für die Analyse ordinalskalierter Daten ungeeignet. Die Spannweite gibt die Differenz zwischen dem größten und kleinsten Beobachtungswert an und wird bei ordinalskalierten Messniveaus angegeben (Weiß & Bauer, 2008; Berekhoven et al., 2006). Der Stichprobenumfang ist auf $n = 70$ Personen festgelegt, über die im Nachgang Aussagen getroffen werden und die Rückschlüsse auf die Grundgesamtheit zulassen. Mit 34 weiblichen und 36 männlichen Testteilnehmern ist die geschlechtsspezifische Aufteilung der Stichprobe äußerst ausgeglichen. Neben dem Geschlecht wurde bei den soziodemografischen Daten ebenfalls der höchste aktuelle Bildungsstand erfragt. Während die Abb. 2 bis 4 die Verteilung der Branchenpräferenzen veranschaulichen, wird anhand von Abb. 5 die Verteilung der Größenpräferenzen dargestellt.

In Abb. 2 werden geschlechtsübergreifende Befunde für die Gen. Z genannt. Als Top 1 unter den Branchenpräferenzen sind Medien, Werbung und PR (16,2 %) zu nennen. Management- und Strategieberatung (12,4 %) sowie Mode, Accessoires und Luxusartikel (12,4 %) teilen sich den zweiten Platz. Auf dem dritten Prioritätenrang folgen Banken, Wirtschaftsprüfung und Steuerberatung (8,6 %) sowie der öffentliche Dienst/ Regierung (8,6 %). Der Handel und IT- Software und Computerservice (5,7 %) wurden weniger präferiert. Am wenigsten attraktiv wurden die Bereiche Automobilindustrie

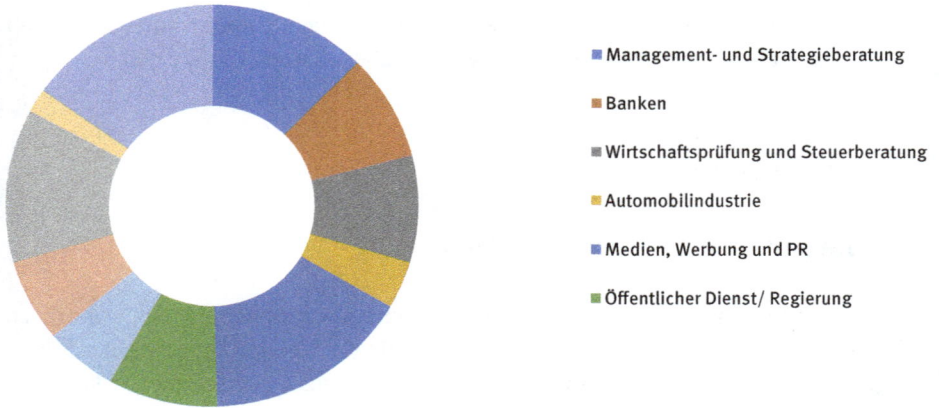

Abb. 2: Stichprobenbefragung nach Branchenattraktivität (Quelle: Eigene Darstellung)

(3,8 %) und Versicherungen (1,9 %) beurteilt. 15 Prozent der Stichprobe präferieren eine nicht aufgelistete Branche und können daher keiner Branche zugeordnet werden.

Bei den weiblichen Generationenvertretern sind die Branchen Mode, Accessoires und Luxusartikel (20 %) sowie Medien, Werbung und PR (20 %) besonders beliebt (siehe Abb. 5). Auf dem dritten Platz folgen die Bereiche Management- und Strategieberatung (18 %). Innerhalb der weiblichen Branchenpräferenzen fallen deutliche Unterschiede in der Präferenzbemessung auf (Abb. 3), während die Branchenpräferenzen bei den Männern gleichmäßiger ausfallen (Abb. 4).

Wie bei den weiblichen Probanden erfreut sich die Branche Medien, Werbung und PR auch bei den teilnehmenden Männern besonderer Beliebtheit. Der öffentliche Dienst/Regierung (13,7 %) ist neben Medien, Werbung und PR (13,7 %) auf dem ersten Präferenzrang. Bei den Frauen hingegen gehört der öffentliche Dienst (4 %)

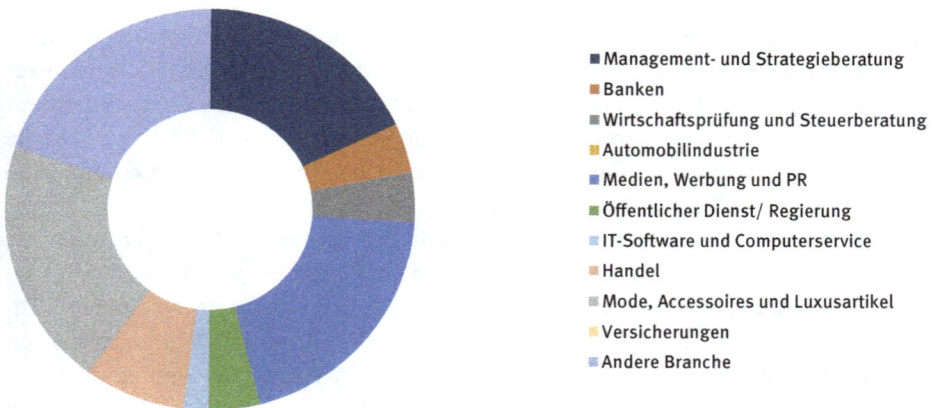

Abb. 3: Branchenpräferenzen bei Frauen (Quelle: Eigene Darstellung)

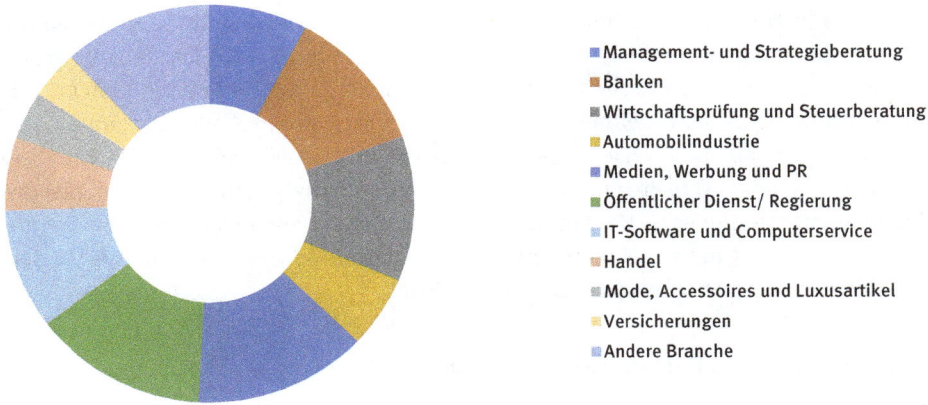

Management- und Strategieberatung
Banken
Wirtschaftsprüfung und Steuerberatung
Automobilindustrie
Medien, Werbung und PR
Öffentlicher Dienst/ Regierung
IT-Software und Computerservice
Handel
Mode, Accessoires und Luxusartikel
Versicherungen
Andere Branche

Abb. 4: Branchenpräferenzen bei Männern (Quelle: Eigene Darstellung)

eher zu den unbeliebten Branchen. Die Branche Versicherungen gehört bei beiden Geschlechtern zu den unbeliebtesten Bereichen, so wählten 4 Prozent der Männer die Versicherungsbranche, während bei den Frauen diese Branche gänzlich ausscheidet.

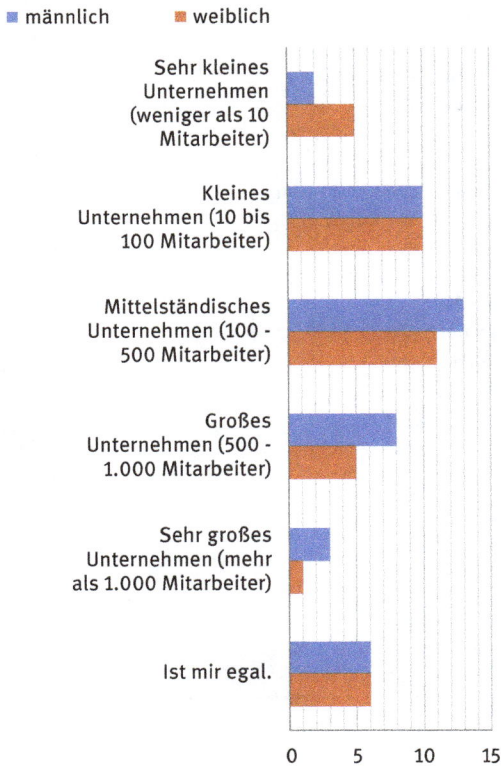

Abb. 5: Unternehmensgrößenpräferenzen im geschlechtsspezifischen Vergleich (Quelle: Eigene Darstellung)

Geschlechtsspezifische Unterschiede treten ebenfalls bei den Größenpräferenzen (Abb. 5) auf. Bei den weiblichen (rot) und männlichen (blau) Vertretern fällt die große Präferenz für mittelständische und kleine Unternehmen auf. Bei den Frauen erfreuen sich sehr kleine Unternehmen derselben Beliebtheit wie große Unternehmen. Die männlichen Probanden weisen verstärkte Präferenzen für mittelständische und kleine Unternehmen auf. 15 Prozent der Befragten – unabhängig vom Geschlecht – ist die Unternehmensgröße egal. Bei den weiblichen Vertretern zeigt sich eine absteigende Präferenzordnung mit zunehmender Unternehmensgröße, was sich ebenfalls bei den männlichen Generationenvertretern widerspiegelt.

Tab. 3: Mittelwerte der übergeordneten Wertefaktoren

Faktor	MW (Faktor)	Wertefaktoren (MW der Faktorladung)
Zwischenmenschliche Beziehungen	4	Zwischenmenschliche Beziehungen (4,4)
		Ehrlichkeit (3,9)
		Intensives Familienleben (3,5)
Beruflicher Erfolg	4	Persönliche Ziele erreichen (4,4)
		Erfolg im Beruf (4,1)
		Finanzielle Sicherheit (4,1)
		Persönliche Unabhängigkeit (4,0)
		Loyalität (3,8)
		Verantwortung übernehmen (3,7)
		Hoher Lebensstandard (3,6)
Erholung	3,9	Viel Freizeit (3,9)
		Ruhe und Entspannung (3,8)
Hedonismus	3,6	Statussymbole (4,0)
		Gesellschaftliche Anerkennung (3,9)
		Hoher Lebensstandard (3,7)
		Gutes Aussehen (3,0)
		Ein genussreiches Leben führen (2,3)
Bildung	3,5	Hohe Bildung (3,9)
		Streben nach Wissen (3,8)
		Kulturelles Interesse (2,9)
Weltoffenheit	3,1	Weltoffenheit (3,6)
		Kreativität (3.0)
		Kulturelles Interesse (2,9)
		Neue Wege gehen (2,4)
Gesellschaftliche Verantwortung	2,9	Konflikte schlichten (3,6)
		Soziales Engagement (3,1)
		Sparsam leben (2,8)
		Umweltbewusst leben (2,6)
		Persönlicher Verzicht für die Gesellschaft (2,2)
Tradition	1,9	Traditionsbewusstsein (2,3)
		Ein religiöses Leben führen (1,5)

Quelle: Eigene Darstellung in Anlehnung an Grobe, 2003

Die Verteilungsanalyse in Betrachtung der Häufigkeitsverteilungen anhand von Tabelle 3 ergibt weitere Erkenntnisse im Rahmen der Werte- und Präferenzanalyse. Zwischenmenschliche Beziehungen und persönliche Ziele teilen sich den ersten Rang mit einer Durchschnittsbewertung von 4,4 auf einer Skala von 1–5. Damit erreichen diese Werte und Ziele den höchsten Präferenzrang. Des Weiteren gehören die finanzielle Sicherheit (4,1) und der Erfolg im Beruf (4,1) zu wichtigen Zielen. Die weniger wichtigen Ziele sind ein religiöses Leben (1,4), der persönliche Verzicht für die Gemeinschaft (2,2), ein sparsames Leben (2,2) sowie Traditionsbewusstsein (2,3).

5.2 Handlungsempfehlungen

In Tabelle 4 wird zwischen Geschlecht und Unternehmensgröße differenziert und auf Basis dessen eine Handlungsempfehlung getroffen. Bei der Analyse der Unternehmensgröße lässt sich ein besonderer Handlungsbedarf für die sehr kleinen Unternehmen feststellen. Auf der anderen Seite besteht ebenfalls bei sehr großen Unternehmen der Bedarf, Maßnahmen zu ergreifen, da auch diese Unternehmensgröße sich eher einer geringeren Beliebtheit erfreut. Die Maßnahmen unterscheiden sich jedoch auch nach der anzusprechenden Zielgruppe der Unternehmen. Sehr kleine Unternehmen erfreuen sich gerade bei Frauen einer größeren Beliebtheit. Für sehr große Unternehmen werden bei den Männern ein hoher Handlungsbedarf und bei den Frauen sogar ein sehr hoher Handlungsbedarf prognostiziert.

Tab. 4: Handlungsempfehlungen hinsichtlich Geschlecht und Unternehmensgröße

UN-Größe	Vakanz	Männlich	Weiblich
Sehr kleine UN (< 10 MA)		sehr hoher Handlungsbedarf	mittlerer Handlungsbedarf
Sehr große UN (> 1.000 MA)		hoher Handlungsbedarf	sehr hoher Handlungsbedarf

Quelle: Eigene Darstellung

Obwohl gerade den KMUs große Probleme in der Personalbeschaffung nachgesagt werden, lässt sich dies nicht für die Generation Z schlussfolgern. Gerade kleine und mittelständische Unternehmen erzielen viel Zuspruch im Rahmen der Befragung. Bei den Branchenpräferenzen lassen sich Probleme für die Versicherungsbranche prognostizieren. Diese erfährt geringen Zuspruch, während die Automobilbranche ebenfalls zu den unbeliebten Branchen gehört. Im Medien-, Werbe- und PR-Bereich besteht nur geringer Bedarf an Maßnahmen zur Arbeitgeberpositionierung, da dieser Bereich ohnehin schon sehr beliebt ist. Beim Vergleich der hier durchgeführten Studie mit anderen Studien fällt auf, dass der monetäre Anreiz unabhängig von der Stichprobe außerordentlich hoch priorisiert wird. Dies lässt den Rückschluss zu, dass der monetäre Anreiz generationsübergreifend auftritt und somit auch weiterhin eine große Rolle bei der Präferenz des Arbeitgebers spielt. Bei den Maßnahmen zur optimalen Arbeitgeberpositionierung sollte vor allem auf die Schaffung eines guten und gerechten Arbeitsklimas Wert gelegt werden. Ein Arbeitsumfeld mit vielen Freiheiten für die Mitarbeiter fördert zusätzlich die Etablierung als attraktiver Arbeitgeber. Gerade bei den weiblichen Probanden lässt sich ein hoher Einfluss des Unternehmensimages erkennen. Jedes Unternehmen kann unabhängig von seiner Größe und Branche ein „Great Place to Work" werden und kann diese Transformation auf seine eigene, personalisierte Weise schaffen. Es gibt bei der optimalen Umsetzung nicht den einen Weg, der für alle Unternehmen funktioniert (Stotz & Wedel-Klein, 2013). Die evaluierten Werte- und Attraktivitätsfaktoren sollen neben dem Employer Brand Scale eine handlungsweisende und auch orientierende Funktion für jegliche Unternehmen einnehmen. Die im Rahmen dieser Arbeit anzusprechenden Unternehmen erschließen sich aus der Analyse. Ein Mangel an Arbeitgeberattraktivität begründet sich ebenfalls in der Größen- und Branchenzugehörigkeit. Gerade bei sehr kleinen und sehr großen Unternehmen ergibt sich eine höhere Relevanz für Employer Branding aufgrund der geringen Attraktivität. Ebenfalls Firmen aus dem Bereich Versicherungen sind noch ausbaufähig hinsichtlich ihrer Attraktivitätspositionierung.

6 Fazit

6.1 Schlussbetrachtung

Der Schwerpunkt dieser Studie lag auf der Identifikation der wichtigsten Arbeitgeberkriterien, die anhand eines Employer Brand Scale in eine Rangfolge gebracht wurden. Die Befragung ergab, dass gerade die Selbstverwirklichung hinsichtlich der Ziel- und Wertvorstellungen besonders wichtig ist. Dies äußert sich bei der Gen. Z vor allem darin, dass ihnen persönliche Ziele zu erreichen besonders wichtig ist. Die Balance zwischen Berufs- und Privatleben wird entgegen der Annahmen von Scholz (2014) vergleichsweise zu den anderen Kriterien höher priorisiert. Der Employer Brand Scale soll bei der Suche und Identifikation der eigenen unternehmensinternen Employer Value Proposition (EVP) helfen und dient somit als Wegweiser für Unternehmen mit Rekrutierungsbedarf der jüngsten Arbeitnehmergeneration. Wie bereits im obigen Abschnitt angesprochen, wird sich die Rekrutierungsrelevanz für Unternehmen ändern, je nach geografischer Lage, Branche und Firmengröße. Auch wenn bei manchen Unternehmen noch kein Bedarf identifiziert ist, Employer Branding in die Wege zu leiten, so kann sich dies in Zukunft schnell ändern. Der Trend, Employer Branding in den Unternehmenskontext einzubinden, steigt weiter und ist zur strategischen Arbeitgeberpositionierung unabdingbar. Durch das Wissen über die relevantesten Arbeitgeberkriterien der Generation Z kann speziell auf ihre Bedürfnisse eingegangen, das Commitment gesteigert und die Wechselbereitschaft vermindert werden. Mithilfe der gewonnenen Erkenntnisse soll die Arbeitgeberpositionierung für die Generation Z erleichtert werden, um Employer-Branding-Maßnahmen generationsspezifisch auszurichten und den derzeitigen und zukünftigen Personalbedarf ausreichend zu decken.

6.2 Ein Ausblick in die Zukunft – Der gläserne Mitarbeiter im HRM

So wie im Customer-Relationship-Management der gläserne Kunde zum Hauptaugenmerk wird, so sollen früher oder später auch aktuelle und potenzielle Mitarbeiter möglichst transparent für die Unternehmen sichtbar sein. So wie CRM untersucht, wie der Kunde aufgrund der subjektiven Präferenzen und Gewohnheiten agiert, so sollen im Human-Ressource-Management Kandidaten oder Mitarbeiter transparent abgebildet werden, um bestmöglich auf deren Bedürfnisse einzugehen. Denn so wie ein Kunde beim Betreten eines Webshops durch eine Vielzahl an in die Website integrierten Tools identifiziert wird, so kann beispielsweise auch ein potenzieller Mitarbeiter auf dem virtuellen Bewerberportal oder der Firmenwebsite erkannt werden.

Die Vielzahl der Webanalysetools wie Google Analytics und Adobe Analytics zeigt die Nachfrage nach dem Drang, den Nutzer in seiner gesamten User Experience sowie seinen Bedürfnissen und Interessen abzubilden. Je nachdem, welche Sicherheits- und Privatsphäreeinstellungen der User hat, kann er getrackt werden – und durch Zuordnung zu Usergruppen kann dem Nutzer auf ihn zugeschnittener Content zugespielt werden. Da den meisten Usern noch das Bewusstsein ihrer „Nichtanonymität" des digitalen Footprints im World Wide Web fehlt, sind diese Browsereinstellungen meist nicht entsprechend konfiguriert. Eine Vielzahl der Surfer lassen sich in Nutzergruppen unterteilen, die nach Alter, Geschlecht und Interessensgruppen etc. zugeordnet werden können. Dies erlaubt somit eine Aufteilung in Cluster. Die Unterteilung in verschiedene Gruppen ermöglicht die gezielte Ansprache der Individuen. Dies kann auch bei Bewerbern angewendet werden. Wenn ein potenzieller Mitarbeiter also ein Bewerberportal virtuell betritt, so kann er durch seinen digitalen Footprint in ein oder mehrere Cluster zugeordnet werden und so möglichst differenziert angesprochen werden. Diese Differenziertheit ermöglicht es den Unternehmen, den User möglichst individuell anzusprechen und so ein Gefühl der Vertrautheit zu schaffen. Je mehr Daten über einen User vorhanden sind, desto gezielter lässt sich dieser ansprechen. So wie beim Zugehen auf den Kunden eine möglichst „kundengetreue" Ansprache ein wichtiger Erfolgsindikator ist, so ist auch bei der Ansprache potenzieller Mitarbeiter eine gezielte Ansprache von starkem Vorteil. Daher lautet das Fazit: Je differenzierter ein Unternehmen seine aktuellen und potenziellen Mitarbeiter anspricht, zugeschnitten auf das jeweilige Alters-, Geschlechts- und Interessenprofil, desto Erfolg versprechender ist die Kontaktaufnahme und die daraus resultierende Beziehung zwischen beiden Parteien.

Literatur

Aeppli, J., Gasser, L., Tettenborn Schärer, A. & Gutzwiller, E. (2016). *Empirisches wissenschaftliches Arbeiten: Ein Studienbuch für die Bildungswissenschaften.* Parderborn, München: UTB.

Atteslander, P. (2008). *Methoden der empirischen Sozialforschung.* Berlin: Erich Schmidt, 12. Aufl.

Berekhoven, L., Eckert, W & Ellenrieder, P. (2006). *Marktforschung – Methodische Grundlagen und praktische Anwendung.* Wiesbaden: Gabler, 11. Aufl.

Böhler, H. (2004). *Marktforschung.* Stuttgart: Kohlhammer, 3. Aufl.

Bortz, J. & Döring, N. (2006). *Forschungsmethoden und Evaluation für Human- und Sozialwissenschaftler.* Heidelberg: Springer Medizin, 4. Aufl.

Böttger, E. (2012). *Employer Branding – Verhaltenstheoretische Analysen als Grundlage für die identitätsorientierte Führung von Arbeitgebermarken.* Wiesbaden: Gabler.

Bühner, M. (2010). *Einführung in die Test- und Fragebogenkonstruktion.* München: Pearson Deutschland.

Cne Pflegemanagement (2015). *Generation Z – Die Klinik ist kein Ponyhof.* Verfügbar unter http://die-generation-z.de/wp-content/uploads/2015/02/GenerationZ_die-Klinik-ist-kein-Ponyhof.pdf (Zugriff 12.12.2017).

Eckey, H.-F. (2008). *Deskriptive Statistik.* Wiesbaden: GWV Fachverlag, 5. Aufl.

E-fellows (2005). *Employer Branding 2005.* Verfügbar unter www.e-fellows.net/sixcms_upload/media/116/employer_branding_2005.pdf (Zugriff 15.11.2018).

Green, P., Tull, E., Stanley, D. & Albaum, G. (1988). *Research for Marketing Decisions.* Englewood Cliffs: Prentice-Hall, 5. Aufl.

Grobe, E. (2003). *Corporate Attractiveness – eine Analyse der Wahrnehmung von Unternehmensmarken aus Sicht von High Potentials.* Leipzig: Arbeitspapier HH.

Grunwald, G. & Hempelmann, B. (2012). *Angewandte Marktforschung: eine praxisorientierte Einführung.* München: Oldenbourg.

Handelsblatt (2017). *Die unterforderte Generation Z* (07.07.2017). Verfügbar unter https://www.handelsblatt.com/karriere/the_shift/berufseinsteiger-die-unterforderte-generationz/20021528.html?ticket=ST-1496734-tzn4h3ZJMX2Pa4etol2Q-ap6 (Zugriff 02.11.2017).

Herrmann, A. (1996). *Nachfrageorientierte Produktgestaltung.* Wiesbaden: Gabler.

Hesse, G. & Mattmüller, R. (2015). *Perspektivwechsel im Employer Branding: Neue Ansätze für die Generationen Y und Z.* Wiesbaden: Gabler.

Hillebrandt, I. & Ivens, B. S. (2013). Scale development in employer branding. In: Baumgarth, C. & Boltz, D. M. (Hrsg.), *Impulse für die Markenpraxis und Markenforschung,* S. 65–86. Wiesbaden: Springer Gabler.

Kauermann, G. & Küchenhoff, H. (2011). *Stichproben: Methoden und praktische Umsetzung mit R.* Berlin: Gabler.

Kienbaum Institut (2014). *Ergebnisbericht Trendstudie 2014.* Verfügbar unter www.kienbauminstitut-ism.de/fileadmin/user_data/veroeffentlichungen/Ergebnisbericht_HR-Trendstudie2014_Final.pdf (Zugriff 01.03.2018).

Kienbaum Institut (2017). *Absolventenstudie 2017* (31.03.2017). Verfügbar unter http://www.kienbauminstitut-ism.de/fileadmin/user_data/KIILT_2017_Absolventenstudie_Report_2017.pdf (Zugriff 02.01.2018).

Klaffke, M. (2014). *Generationen-Management: Konzepte, Instrumente, Good-Practice-Ansätze.* Wiesbaden: Gabler.

Kluckhohn, C. (1951). *Values and Value-Orientations in the Theory of Action.* Cambridge: Harvard University Press.

Kollar, R. & Stengel, M. (1990). Sind Berufsorientierungen und organisationale Identifikation Chimären der Forschung? *Zeitschrift für Arbeits- und Organisationspsychologie*, 34(2):74–84.

Mayer, H. O. (2013). *Interview und schriftliche Befragung: Grundlagen und Methoden empirischer Sozialforschung*. München: Oldenburg, 6. Aufl.

MyEsomar (2017). *8 key truths about Generation Z*. Verfügbar unter https://rwconnect.esomar.org/8-key-truths-about-generation-z/ (Zugriff 16.01.2018).

Palley, W. (2012). *Gen Z. Digital in their DNA*. New York: J. Thompson Company.

Porst, R. (2009). *Fragebogen: Ein Arbeitsbuch*. Wiesbaden: GWV, 2. Aufl.

Raab-Steiner, E. & Benesch, M. (2008). *Der Fragebogen. Von der Forschungsidee zur SPSS-Auswertung*. Wien: Facultas.

Radermacher, S. (2013). *Die Herausforderungen des Employer Brandings*. Berlin, Heidelberg: Springer.

Schnell, R., Hill, P. & Esser, E. (2005). *Methoden der empirischen Sozialforschung*. München: Oldenbourg, 7. Aufl.

Scholz, C. (2014). *Generation Z – Wie sie tickt, was sie verändert und warum sie uns alle ansteckt*. Weinheim: Wiley-VCH.

Simon, H. & Sebastian, K. H. (1995). Ingredient Branding: Reift ein junger Markentypus? *Absatzwirtschaft*, 38(6):42–48.

Singh, A. (2014). Challenges and Issues of Generation Z. *IOSR Journal of Business and Management*, 16(7):59–63.

Staehle, W. & Conrad, P. (1994). *Management: Eine verhaltenswissenschaftliche Perspektive*. München: Ahlen, 7. Aufl.

Statistisches Bundesamt (2018). *Bevölkerungsvorausberechnung*. Verfügbar unter www.destatis.de/DE/ZahlenFakten/GesellschaftStaat/Bevoelkerung/Bevoelkerungsvorausberechnung/Bevoelkerungsvorausberechnung.html (Zugriff 03.12.2018).

Stock-Homburg, R. (2012). Employer Branding ist keine kurzlebige Mode – seine Bedeutung wird zunehmen. *PERSONALquarterly*, Jg. 64(Nr. 3):6–7.

Stotz, W. & Wedel-Klein, A. (2013). *Employer Branding: Mit Strategie zum bevorzugten Arbeitgeber*. München: Oldenbourg, 2. Aufl.

Süß, M. (1996). *Externes Personalmarketing für Unternehmen mit geringer Branchenattraktivität*. München: Hampp.

Tanwar, K. & Prasad, A. (2017). Employer brand scale development and validation: a second-order factor approach. *Personnel Review*, Vol. 46(No. 2):389–409.

Watzlawick, P., Beavin, J. & Jackson, D. (2016). *Menschliche Kommunikation: Formen, Störungen, Paradoxien*. Bern: Hogrefe, 13. Aufl.

Weiß, C. & Bauer, A. (2008). *Die medizinische Doktorarbeit – von der Themensuche bis zur Dissertation*. Stuttgart: Thieme, 3. Aufl.

Welt (2017). *Was Generation Z vom Berufsleben erwartet* (06.03.2017). Verfügbar unter www.welt.de/wirtschaft/karriere/bildung/article152993066/Was-Generation-Z-vom-Berufsleben-erwartet.html (Zugriff 01.11.2017).

Isabelle Steudel
Influencer und Marken

Markeneinstellung und die Rolle der persönlichen Reaktanz

1 Einleitung

Im Schnitt haben 97 % aller 18- bis 34-Jährigen Zugriff auf ein Smartphone und über 80 % auf einen PC. Die besagte Zielgruppe nutzt diese Geräte, um durchschnittlich über 6 Stunden pro Woche auf sozialen Medien wie Facebook, Instagram und Co. aktiv zu sein. Diese Daten wurden bereits 2016 von der Nielsen Company im Rahmen ihres umfangreichen Social-Media-Reports erhoben (Casey, 2017). Vor dem Hintergrund ist nicht überraschend, dass immer mehr Unternehmen auf den Social-Media-Zug aufspringen und sich die große Beliebtheit sozialer Netzwerke zunutze machen. Neben

https://doi.org/10.1515/9783110712056-005

Freunden und Bekannten suchen Nutzer mittlerweile auch vermehrt Kontakt zu Unternehmen und Marken. Über 30 % der Anwender sagen, dass es für den Nutzen eines sozialen Netzwerkes wichtig ist, Informationen über Produkte und Serviceleistungen zu finden (Casey, 2017). Als Marketingplattform sind soziale Netzwerke eine echte Alternative zu klassischen Kanälen wie Fernsehen, Print oder Radio. Nicht nur Unternehmen selbst teilen auf sozialen Netzwerken Informationen über sich und ihre Produkte, Konsumenten tauschen sich untereinander aus. Letzteres ist für die Glaubwürdigkeit der geteilten Informationen ein großer Vorteil, denn Informationen und Äußerungen über Unternehmen und ihre Produkte wird mehr Glauben geschenkt, wenn sie von privaten Nutzern stammen als vom Unternehmen selbst (Ceyp & Scupin, 2013). Besonders viel Vertrauen wird aber der Meinung von sogenannten Influencern geschenkt. Diese sind ebenfalls private Nutzer, allerdings mit einer hohen Reichweite und großer Beliebtheit bei anderen Nutzern. Damit haben Influencer auf sozialen Medien eine Art Prominentenstatus. Dabei sind sie dennoch ihren Fans sehr nah. Beides sorgt dafür, dass das Vertrauen in deren Worte und Meinung groß ist (Geissler, 2017). Immer häufiger werden Influencer gegen Geld- oder Sachleistungen von Unternehmen engagiert, um ihre, im besten Fall positive Meinung über ein Produkt mit ihren Fans zu teilen – genannt Influencer-Marketing.

Ausgangspunkt der vorliegenden Studie ist die Tatsache, dass sich bei der eigenen Nutzung von Instagram und Youtube die Beobachtung machen ließ, dass viele Nutzer Influencer-Marketing kritisch sehen. Neben mangelnder Authentizität sei die Werbung viel zu aufdringlich und teils sogar nervig. Wissenschaftlich begründet werden kann das durch die Reaktanztheorie nach Brehm (1966). Sie besagt, dass Menschen eine Entscheidungsalternative ablehnen, sobald sie sich in ihrer freien Entscheidung für oder gegen diese Alternative eingeschränkt fühlen.

Die Bestätigung der eigenen Beobachtung anhand der Reaktanztheorie leitet schließlich zur Forschungsfrage dieser Untersuchung: *Welchen Einfluss hat Influencer-Marketing auf Markeneinstellung und Kaufentscheidungen beim Konsumenten und welche Rolle spielt dabei die persönliche Reaktanz der betroffenen Personen?*

Im Fokus vorliegender Untersuchung liegt die Fotoplattform Instagram, auf der Influencer-Marketing in Form von Produktplatzierungen ausgeführt wird. Um den Einfluss von Influencer-Marketing messbar zu machen, werden die beiden Konstrukte Markeneinstellung und Kaufentscheidung genutzt. Beide Konstrukte werden anhand der beiden Marken Nivea und Hollister zu zwei verschiedenen Zeitpunkten gemessen und anschließend verglichen. Die Teilnehmer der Testgruppe werden zwischenzeitlich über 21 Tage mit Influencer-Marketing konfrontiert. Um auszuschließen, dass Änderungen der Konstrukte durch mögliche andere Störeinflüsse entstehen, wird eine Kontrollgruppe gebildet. Hier werden ebenfalls zu beiden Zeitpunkten die Einstellung und Kaufentscheidung abgefragt. In der Zwischenzeit gibt es hier keinen Einfluss durch Influencer-Marketing.

2 Theoretischer Hintergrund

2.1 Social-Media-Marketing

Social Media, auch soziale Medien genannt, bezeichnen digitale Medien und Technologien, die es den Nutzern ermöglichen sich untereinander in einem Netz, z. B. im Internet, auszutauschen und mediale Inhalte einzeln oder in Gemeinschaft zu erstellen und weiterzuleiten. (Gabriel & Röhrs, 2017, S. 12)

Ein Anwendungsbereich sind dabei soziale Netzwerke. Nutzer bauen sich hier online in einer Gruppe Kommunikationsbeziehungen auf und nutzen diese, um untereinander in Kontakt zu treten (Gabriel & Röhrs, 2017). Die hohen Nutzerzahlen sozialer Netzwerke (Zuckerberg, 2017) zeigen, welchen großen Stellenwert sie in der Gesellschaft haben. Die Möglichkeit, sich online mitzuteilen und mit anderen zu kommunizieren, nutzen dabei nicht nur Privatpersonen untereinander, sondern mittlerweile auch vermehrt Unternehmen. Diese Beziehung kann in zwei Richtungen laufen. Zum einen kann sich die Privatperson als Konsument online über ein Unternehmen und dessen Produkte informieren, sich andere Meinungen einholen und die eigene Meinung mit anderen teilen (Hilker, 2012). Zum anderen können Unternehmen wiederum soziale Netzwerke anwenden, um eine Beziehung zu Konsumenten oder potenziellen Konsumenten aufzubauen (Gabriel & Röhrs, 2017). Die klassischen Werbeformen (TV, Print oder Radio) verbreiten in der Regel nur starre Markenbotschaften, ohne dabei zu wissen, wen die Werbung überhaupt erreicht, und ohne die Möglichkeit, mit diesen persönlich in Kontakt zu treten (Buchenau & Fürtbauer, 2015). Das Ziel und der entscheidende Vorteil von Social-Media-Marketing hingegen ist es, im engen Austausch mit den eigenen Kunden zu stehen. Zwischen Unternehmen und Kunde entsteht ein Dialog auf Augenhöhe, der eine starke Bindung und den Aufbau von Vertrauen zur Folge hat (Buchenau & Fürtbauer, 2015).

Neben vielen Vorteilen birgt Social-Media-Marketing auch Risiken. Unter anderem haben Unternehmen im Netz weniger Einfluss auf die Wirkung ihrer Marke. So kann eine Kampagne nicht den gewünschten Effekt erzielen, wenn Feedback vermehrt negativ ausfällt oder sogar falsche Informationen über ein Produkt verbreitet werden. Die eigene Meinung kann nicht nur anonym und schnell, sondern vor allem für jeden anderen sichtbar mitgeteilt werden und damit auch auf andere Nutzer abfärben (Buchenau & Fürtbauer, 2015). Das führt zum weiteren zentralen Thema auf sozialen Netzwerken: der Glaubwürdigkeit. User schenken Informationen, Äußerungen und Meinungen zu Unternehmen bzw. Produkten am meisten Glauben, wenn sie von privaten Nutzern anstatt durch das Unternehmen selbst verbreitet werden (Ceyp & Scupin, 2013). Dieses Phänomen machen sich Unternehmen in den letzten Jahren vermehrt durch die nächste Stufe des Social-Media-Marketings, dem Influencer-Marketing, zunutze.

2.2 Influencer-Marketing

Bei der heutigen Fülle an Marken und Produkten braucht es für Unternehmen auch auf sozialen Netzwerken viel, um sich von anderen abzusetzen und Aufmerksamkeit zu generieren. Wie abschließend in Abschnitt 2.1 erwähnt, spielt die Glaubwürdigkeit eine zentrale Rolle. Influencer-Marketing ist dabei aber weit mehr als nur die Schaffung von Glaubwürdigkeit bei potenziellen Konsumenten. „Influence" (engl.) bedeutet übersetzt „beeinflussen". Die dahinterstehende Person, der Influencer, macht demnach nichts anderes, als Menschen in ihrer Meinung zu einem Produkt oder einer Marke zu beeinflussen und Meinungen zu bilden. Influencer-Marketing bedeutet also, dass eine von der Marke und dem Unternehmen unabhängige Person ein Produkt in seinem Namen vermarktet und im Gegenzug Sach- oder Geldleistungen vom Unternehmen erhält (Futurebiz, 2017).

Eine ähnliche, schon lange angewendete Form des Marketings mit Meinungsmachern ist der Einsatz von Testimonials (Dietz et al., 2012). Ein Testimonial ist eine vom Unternehmen engagierte Person, die das Produkt bewerben und empfehlen soll. Aufgrund ihrer Bekanntheit haben Stars, die für Testimonialwerbung genutzt werden und über TV, Sport, Film und Musik bekannt sind, folglich auch auf sozialen Netzwerken eine große Fangemeinde. Dennoch eignen sich diese nicht zwangsläufig auch als Social-Media-Influencer für Unternehmen. Viele wissen ihre Reichweite nicht richtig zu nutzen. Denn eine große Fangemeinde alleine reicht für gutes Influencer-Marketing nicht aus (Futurebiz, 2017).

Influencer in sozialen Netzwerken sind auf ihrer Plattform ebenso prominent. Meist werden sie durch ihren Youtube-Kanal, ihr Instagram-Profil oder einen Blog berühmt und bauen sich dadurch eine große Fangemeinde im Internet auf. Diese Personen geben sich auf sozialen Netzwerken sehr offen. Sie teilen nicht nur einen Großteil ihres Alltags, sondern auch ihre Sorgen und Probleme. Im Gegensatz zu prominenten Testimonials sind Influencer dadurch nahbar und eng an der Zielgruppe. Diese Nahbarkeit sorgt dafür, dass das Vertrauen in deren Worte und Meinungen extrem groß ist (Geissler, 2017). Empfehlungen von Influencern haben aufgrund ihres Status eine noch höhere Wirkung auf ihre Fans als Empfehlungen von Freunden. Präsentiert sich ein Influencer häufig mit einem Produkt, erhöht sich der Wunsch der Follower, das Produkt selbst zu besitzen (Futurebiz, 2017).

Bei der Wahl des richtigen Influencers müssen Unternehmen vieles beachten. Eine hohe Reichweite allein reicht, wie bereits erwähnt, nicht aus. Viel wichtiger ist die Vernetzung zwischen dem Influencer und seinen Fans. Damit ist gemeint, wie die Fans auf geteilte Beiträge des Influencers reagieren und wie dieser wiederum auf Anregungen oder Wünsche seiner Fans reagiert. Damit kann der Austausch in der Kommentarfunktion eines Fotos gemeint sein, der Kontakt über persönliche Nachrichten, die Anpassung zukünftiger Fotos auf Basis der Wünsche der Fans etc. Dieser Austausch sollte hoch und positiv ausfallen (Geissler, 2017). Zudem müssen Influencer auf dem zu bewerbenden Gebiet als Experten gelten und zu dem Produkt passen, um glaubwürdig zu wirken (Gondorf, 2015). Ebenso muss die Zielgruppe (Follower) des Influencers mit der gewünschten Zielgruppe des Unternehmens zusammenpassen, um überhaupt einen positiven Effekt zu erzielen (Geissler, 2017). Dies bedeutet, dass Influencer durch ihre Persönlichkeit und den Inhalt ihrer Veröffentlichungen im Internet meist eine bestimmte Zielgruppe ansprechen. Für erfolgreiches Influencer-Marketing müssen diese Zielgruppe und die Zielgruppe des Unternehmens identisch sein. Neben den beiden zuletzt genannten Kriterien sollten Unternehmen den Influencern bei der Wortwahl und Gestaltung des Werbebeitrages viel Freiraum geben, damit die Werbung möglichst authentisch wirkt. Bei mangelnder Authentizität leidet die Glaubwürdigkeit der Werbung stark (Futurebiz, 2017).

Die Einsatzfelder von Influencer-Marketing sind unterschiedlich. Soziale Medien sind sehr schnelllebig. Bei Produkteinführungen können Influencer dafür sorgen, das Produkt zu verbreiten oder sogar einen Trend zu setzen. Geht es Unternehmen um die Steigerung der Markenbekanntheit und des Images, werden Influencer für Produkttests und -bewertungen eingesetzt. Der Influencer testet dabei ein Produkt und teilt später seine Erfahrung und Meinung mit seinen Fans. Unternehmen profitieren hierbei vom hohen Einfluss der Influencer auf ihre Follower. Bei Produktplatzierungen hingegen (vgl. Abschnitt 2.2.1) geht es weniger um genaue Erläuterungen zum Produkt, sondern mehr darum, Aufmerksamkeit und Interesse zu schaffen (Futurebiz, 2017).

2.2.1 Plattformen und Instrumente

Influencer-Marketing spielt sich auf vielen verschiedenen Plattformen ab, abhängig davon, in welchen Netzwerken der jeweilige Influencer aktiv ist. Soziale Netzwerke gibt es viele. Dennoch eignet sich nicht jedes Netzwerk als Plattform für Influencer-Marketing. Facebook und Youtube eignen sich neben Instagram, Pinterest und Snapchat am besten für Influencer-Marketing. Facebook verfügt über einen gut entwickelten Algorithmus, der es ermöglicht, Zielgruppen nach ihren demografischen Merkmalen und Interessen zu erfassen, ohne dass diese einem Influencer gezielt folgen müssen. Ähnlich verläuft es auf der Plattform Pinterest. Die hier veröffentlichten Fotos zeigen Produkte inspirierend in Szene gesetzt und leiten gegebenenfalls direkt zur Kaufoption weiter. Die beiden Plattformen sind vor allem dann nützlich, wenn der Verkauf eines Produktes das Ziel des Unternehmens ist (Drummey, 2017). Steht wiederum eine Erhöhung der Markenbindung im Vordergrund, werden Netzwerke wie Snapchat, Instagram und Youtube genutzt. Das Netzwerk Snapchat bietet sich für das Erreichen einer jungen Zielgruppe an. Da es sich um eine recht neue und moderne Plattform handelt, ist diese besonders bei der genannten Zielgruppe verbreitet. Influencer, die hier werben, haben einen hohen Einfluss auf die junge Zielgruppe. Instagram wiederrum ermöglicht kreative und hochwertige Werbung, die dabei nicht als solche heraussticht. Das stärkt die Verbindung zwischen Marke und potenziellen Kunden. Die größte positive Markenwahrnehmung kann durch Youtube erreicht werden. Die Verbindung und das daraus resultierende Vertrauen zwischen einem Youtuber und seinen Followern sind meist sehr stark (Drummey, 2017). Ein Youtuber ist ein Videoblogger, der regelmäßig Videos auf seinem Youtube-Kanal veröffentlicht (Jerslev, 2016). Dabei erhält der Follower oft einen tiefen Einblick in dessen Privatleben, was zu tiefer Verbundenheit führt. Viele Influencer sind nicht nur auf einer der Plattformen aktiv. Beispielsweise verfügt jeder große Youtuber auch über einen Instagram- oder Facebook-Account. Daher verläuft eine Kampagne meist in Kombination aus mehreren sozialen Netzwerken (Drummey, 2017).

Im Fokus der vorliegenden Studie ist die 2010 gegründete Fotoplattform Instagram. Nutzer dieses Netzwerkes teilen Bilder und kurze Videomaterialien mit ihren sogenannten Abonnenten. Die Plattform ist seit ihrer Gründung immens gewachsen und wird vermutlich in Zukunft noch weiterwachsen. Für Pein (2014) liegt das vor allem an der hohen Interaktionsrate von Bildern. Diese ist um 120 bis 180 Prozent höher als bei Beiträgen ohne Bild. Instagram (n. d.) selbst schreibt auf seiner Webseite, dass die Plattform jedem mit kreativer Leidenschaft einen Platz für visuelles Storytelling bieten möchte. Durch Bilder lassen sich „ganz(e) Botschaften (…) transportieren und selbst komplizierte Sachverhalte einfach dar(zu)stellen" (Pein, 2014, S. 400). Influencer-Marketing auf Instagram läuft daher meist als Produktplatzierung ab. Gemäß § 2 Abs. 2 Nr. 11 Rundfunkstaatsvertrag (RStV) ist

> … Produktplatzierung die gekennzeichnete Erwähnung oder Darstellung von Waren, Dienstleistungen, Namen, Marken, Tätigkeiten eines Herstellers von Waren oder eines Erbringers von Dienstleistungen in Sendungen gegen Entgelt oder eine ähnliche Gegenleistung mit dem Ziel der Absatzförderung. Die kostenlose Bereitstellung von Waren oder Dienstleistungen ist Produktplatzierung, sofern die betreffende Ware oder Dienstleistung von bedeutendem Wert ist.

Im Zuge von Influencer-Marketing auf Instagram werden darunter Fotos oder kurze Videoclips verstanden, die ein Produkt „zum richtigen Zeitpunkt und im richtigen Umfeld" inszenieren (Futurebiz, 2017, S. 9).

Bei Kampagnen in einer Kombination aus mehreren Plattformen wird Produktplatzierung auf Instagram häufig als Ergänzung zu Produkttests und Produktbewertungen in Form eines ausführlichen Videos auf dem Youtube-Kanals des Influencers genutzt (Futurebiz, 2017).

2.2.2 Wirkung

Um die Wirkung von Influencer-Marketing messbar zu machen, führte das Unternehmen G+J e|MS im August 2017 eine umfangreiche Studie mit insgesamt 1833 Versuchsteilnehmern durch (G+J e|MS, 2017). Es handelte sich dabei um ein dreistufiges Studiendesign: Befragung einer großen Zielgruppe, Interviews mit wenigen Experten und eine Studie zur Wirkung von Influencer-Marketing. Neben wichtigen Spielregeln für erfolgreiches Influencer-Marketing ergaben sich positive Wirkungseffekte zugunsten der Unternehmen: Die Aufmerksamkeit für eine Marke wird durch Influencer-Kampagnen um 34,8 % erhöht. Erwähnte Markenbotschaften fallen den Followern dabei nicht nur auf, sondern werden auch im Nachhinein der jeweiligen Marke zugeordnet. Des Weiteren steigerte sich die Markenbekanntheit um 17,3 %. Besonders für unbekannte Marken ist dieser Anstieg immens. Die Verbesserung der Imagedimensionen wiederum zeigt sich durch gestiegene Werte bei Sympathie, Vertrauen und Glaubwürdigkeit der Marke. Den letzten Punkt stellt die Schaffung von Handlungsimpulsen dar. Durch Influencer-Kooperationen ist die Kaufbereitschaft im Schnitt um 29 % und die Weiterempfehlungsbereitschaft um 37 % gestiegen. Laut der Hamburger Kommunikationsberatung Faktenkontor und deren Social-Media-Atlas 2016/2017 haben insgesamt 18 % aller Internetnutzer in Deutschland auf Basis von Influencer-Marketing ein Produkt gekauft. Besonders stark wird die Zielgruppe zwischen 14–19 Jahren (50 %) animiert, gefolgt von den 20- bis 29-Jährigen (33 %) (Faktenkontor, 2017).

Trotz der vielen positiven Wirkungseffekte kann Influencer-Marketing auch gegenteilige Effekte bei den Betrachtern auslösen. Das Marktforschungstool Appinio führte 2017 eine Studie mit fast 4.000 Teilnehmern durch, um herauszufinden, ob Nutzer sozialer Media Werbung auf den Plattformen ansprechend empfinden oder eher genervt davon sind. Bei den unter 25-Jährigen gaben 31 % und bei den 25- bis 34-Jährigen 26 % an, dass sie Werbung dort tendenziell anspricht (Appinio Research, 2017). Im Umkehrschluss entspricht das allerdings nicht einmal 1/3 aller Nutzer. Die restlichen und damit die Mehrheit der Nutzer empfinden die Werbung eher als störend.

In der Vergangenheit gab es bereits eine Reihe von Studien, die belegen, dass Werbung und Marketing häufig sogar Reaktanz bei den Betrachtern auslösen. Im folgenden Abschnitt werden diese Studien und deren Ergebnisse beleuchtet und die Reaktanztheorie nach Jack W. Brehm vorgestellt.

2.3 Reaktanztheorie nach Jack W. Brehm

Laut Brehm (1966) entsteht psychologische Reaktanz dann, wenn Individuen in ihrer Handlungsfreiheit bedroht sind. Brehm geht davon aus, dass jeder Person in einer bestimmten Situation verschiedene Handlungsalternativen zur Verfügung stehen, die als frei wählbar angesehen werden. Sobald eine der normalerweise frei wählbaren Verhaltensalternativen in einer Situation gefährdet oder ganz eliminiert ist, entsteht eine Motivation, die verlorene Freiheit wiederherzustellen (=Reaktanz) (Brehm, 1966, S. 4). Um eine Handlungsalternative aktuell oder auch in Zukunft überhaupt als frei wählbar anzusehen, müssen Individuen diese anhand ihrer physischen sowie psychischen Fähigkeiten als machbar ansehen und aufgrund von Erfahrung, allgemeinen Sitten oder einer formalen Zustimmung wissen, dass ihnen die Alternative zur Verfügung steht bzw. stehen wird. Wird eine Handlungsalternative bedroht, deren unmöglicher Erfüllung sich ein Individuum bewusst ist, wird auch keine Reaktanz ausgelöst.

Zur Veranschaulichung von Reaktanzverhalten nannte Brehm ein Beispiel des fiktiven John Smith. Normalerweise spielt dieser sonntags Golf. Nur gelegentlich bleibt er auch zu Hause und sieht fern oder arbeitet in seiner Werkstatt. Diesen bestimmten Sonntag möchte seine Frau aber unbedingt, dass Smith golfen geht, da sie Freundinnen nach Hause eingeladen hat. John Smith ist nun in seiner Entscheidungsfreiheit, ob er golfen, fernsehen oder arbeiten möchte, eingeschränkt. Obwohl er meistens ohnehin golfen gehen würde, wird sich Smith in diesem Fall aus Protest und dem Drang, seine Entscheidung selbst zu fällen, jegliche andere Aktivität außer Golf aussuchen. Die Reaktanz zeigt sich in diesem Beispiel dadurch, dass eine eigentlich gewünschte Alternative an Attraktivität verliert, da die Person ihre Freiheit, sich theoretisch auch für eine andere Alternative entscheiden hätte zu können, eingeschränkt sieht. Die eliminierten Handlungsalternativen wie Fernsehen oder Arbeiten werden demzufolge aufgewertet.

Vier Kategorien der Freiheitswiederherstellung

Ist Reaktanz bereits ausgelöst, wird unter vier verschiedenen Effekten unterschieden, die Individuen anwenden, um die verlorene Freiheit wiederherzustellen (Brehm & Brehm, 1981). Neben direkten und indirekten Reaktionen können auch emotionale Reaktionen, wie Attraktivitätsänderungen oder Aggression, entstehen. Die direkte Wiederherstellung der Freiheit ist die einfachste und effektivste Alternative. Da diese im Fokus dieser Forschung steht, soll die direkte Wiederherstellung im Folgenden näher beschrieben werden: Betroffene führen dabei das Gegenteil davon aus, was von ihnen verlangt wird, um somit wieder das Gefühl einer frei getroffenen Entscheidung zu erhalten. Weiner & Brehm (1966) führten dazu ein Konsumentenexperiment durch. In einem Supermarkt wurde auf zwei unterschiedliche Weisen Brot beworben. Das eine Brot (A) wurde mit den Worten: „Du wirst dieses Brot kaufen", sehr stark, das andere Brot (B) mit den Worten: „Bitte probieren", schwächer beworben. Letzteres wurde von 70 % gekauft, das stark beworbene Brot nur von 51 %. Durch das starke Anpreisen von Brot A fühlt sich der Konsument in seiner freien Entscheidung, das Brot zu kaufen, eingeschränkt und kauft daher gar nicht oder entscheidet sich für Brot B. Diese Reaktion wird auch Bumerangeffekt genannt (Brehm, 1966). Die vom Sender gewünschte Handlung erreicht den Empfänger nicht, sondern löst bei diesem genau die gegenteilige Handlung aus.

Reaktanz im Marketing

Besonders im Konsumverhalten geht es laufend um das Treffen von Entscheidungen innerhalb einer Auswahl von vielen Alternativen. Aus Marketingsicht soll das Produkt dafür effektiv angepriesen werden, um die Einstellung möglicher Konsumenten insofern zu verändern, dass sie das Produkt attraktiv finden. Ist diese Absicht allerdings zu offensichtlich, droht die Gefahr, dass sich die gewünschte Zielgruppe in ihrer Freiheit, sich für das Produkt zu entscheiden oder nicht, eingeschränkt fühlt. Um die verlorene Freiheit wiederherzustellen, wenden sich Kunden dann vom Produkt ab. Es passiert damit genau das Gegenteil (Bumerangeffekt) der eigentlich vom Werber gewünschten Kommunikationswirkung (Brehm, 1966; Raab et al., 2010). Diese Reaktion zeigten Weiner und Brehm am bereits vorgestellten Brotexperiment. Der Reaktanzeffekt, der in dieser Forschung im Fokus steht, ist die direkte Freiheitswiederherstellung durch Ablehnen eines Produktes bei zu starker Beeinflussung. Gerade bei klassischer Werbung ist die Absicht der Einstellungsänderung für Konsumenten meist offensichtlich, was eher zu Reaktanzeffekten führt als bei weniger offensichtlicher Beeinflussung (Raab et al., 2010). Eine Studie im Hinblick auf Reaktanzverhalten bei Werbung, die Individuen sozusagen aufgezwungen wird, wurde 2002 von Edwards, Li und Lee durchgeführt. Sie untersuchten, wie Internetnutzer auf Pop-up-Werbung reagieren und ab wann diese als irritierend empfunden und vermieden wird. Pop-up-Werbung sind Banner oder Fenster, die beim Öffnen oder während des Ansehens einer Webseite erscheinen. Daher sprechen Edwards et al. (2002) bei Pop-up-Bannern von „gezwungener" Werbung, da Internetnutzer ungefragt mit den plötzlich auftauchenden Werbebotschaften konfrontiert werden und sozusagen gezwungen sind darauf zu reagieren, entweder indem der Werbebanner gezielt mit einem Mausklick wieder entfernt werden kann oder weil der Werbebanner den eigentlichen Inhalt der Webseite für einen kurzen Moment blockiert. Diese aufgezwungene Unterbrechung kann zu einer negativen Wahrnehmung bis hin zu der Vermeidung der Werbung (Reaktanz) führen. In Bezug auf die Reaktanztheorie wird untersucht, ob und welchen Zusammenhang es zwischen dem Ausmaß der wahrgenommenen Einschränkung der Entscheidungsfreiheit und der Stärke des Irritationsgefühls bzw. dem Vermeiden der Werbung gibt. Durch einen Fragebogen und eine Software zur Aufzeichnung von Bildschirmaktivitäten wurde gemessen, wie aufdringlich, irritierend, informativ oder unterhaltsam die Pop-up-Werbung empfunden wurde. Die Ergebnisse zeigen, dass die Werbung als störender empfunden wurde, wenn die Versuchsperson tief in den Inhalt der Webseite versunken war, ebenso wenn der Inhalt der Werbung nichts mit dem Inhalt der geöffneten Webseite zu tun hat. Des Weiteren konnte ein Zusammenhang zwischen dem Grad der empfundenen Aufdringlichkeit und dem aktiven Vermeiden der Werbung gefunden werden – es wurde Reaktanz ausgelöst (Edwards et al., 2002).

2.4 Fragestellung

Viele der vorgestellten Experimente, Studien und Theorien beweisen, dass Reaktanzverhalten und besonders die direkte Wiederherstellung der verlorenen Entscheidungsfreiheit durch Ablehnen eines Produktes im Marketing und Konsumverhalten eine große Rolle spielen. Vor allem zeigt das die 2017 durchgeführte Studie des Marktforschungstools Appinio, die ermitteln konnte, dass nur 1/3 aller Nutzer Influencer-Marketing als ansprechend empfinden (vgl. Abschnitt 2.2.2; Appinio Research, 2017). Andererseits gibt es auch Studien, die positive Wirkungseffekte von Influencer-Marketing feststellen konnten (G+J e|MS, 2017). Resultierend aus einer Zusammenfassung der Studien kann die erste Forschungsfrage daher wie folgt ermittelt werden:

Forschungsfrage 1: Hat Influencer-Marketing auf Instagram einen (negativen oder positiven) Einfluss auf die Einstellung zu der beworbenen Marke?

Das Konstrukt Markeneinstellung wird gewählt, um die Veränderung in der Haltung zur Marke messbar zu machen. Laut Esch (2005, S. 637) ist die Markeneinstellung ein „ständig zu verfolgendes Kommunikationsziel". Trommsdorff (1975, S. 8) schreibt, dass eine Einstellung ein hypothetisches Konstrukt ist, das mit der Bereitschaft einhergeht, auf Reizkonstellationen aus der Umwelt „konsistent positiv oder negativ zu reagieren". Durch entsprechende Marketingkommunikation kann diese Einstellung verändert werden. Bei richtiger Kommunikation löst sie eine positive Bewertung der Marke bei der Zielgruppe aus (Esch, 2005). Influencer-Marketing ist eine Art der Markenkommunikation. Das Konstrukt Einstellung ist daher für die Anforderungen dieses Experimentes, einen positiven oder negativen Einfluss auf eine Marke zu messen, am besten geeignet.

Auch wenn bei Influencer-Marketing auf Instagram zunächst die Bindung zwischen Unternehmen und Kunde im Vordergrund steht (Drummey, 2017), spielt auch der im besten Fall daraus resultierende Verkauf des beworbenen Produktes eine Rolle. Gute Kommunikation führt zu positiver Markeneinstellung, die wiederum Vertrauen schafft und die Kaufentscheidung beeinflusst (Esch, 2005). Daraus resultiert die zweite Forschungsfrage:

Forschungsfrage 2: Hat Influencer-Marketing auf Instagram einen (negativen oder positiven) Einfluss auf die Kaufentscheidung der beworbenen Marke?

Die letzte Forschungsfrage bezieht sich darauf, dass Brehm & Brehm (1981) betonten, dass das Ausmaß der Reaktanz und der Wunsch, die verlorene oder bedrohte Freiheit wiederherzustellen, auch von der Persönlichkeit der beeinflussten Person abhängig sind. Forschungsfrage 3 ermittelt sich damit aus der Frage, ob Personen mit einer hohen persönlichen Reaktanz anfälliger für Reaktanzverhalten sind und in diesem Fall vermehrt eine Einstellungsverschlechterung nach dem Einfluss durch Produktplatzierung vorliegt als bei Personen mit niedriger persönlicher Reaktanz:

Forschungsfrage 3: Gibt es einen Zusammenhang zwischen der persönlichen Reaktanz einer Person und deren Art (positiv oder negativ) der Einstellungsänderung?

3 Methodik

3.1 Datenerhebungsmethode und Forschungsdesign

Das Forschungsdesign der vorliegenden Untersuchung ist explikativ. Nach Homburg (2016) werden Forschungen als explikativ bezeichnet, wenn der Zusammenhang zwischen Variablen untersucht werden soll. In diesem Fall bildet das Wahrnehmen der Influencer-Werbung die unabhängige Variable und die daraus resultierende Markeneinstellung bzw. Kaufentscheidung die abhängige Variable. Explikativen Forschungen liegen vorab formulierte Hypothesen zugrunde, die eine Auswirkung der unabhängigen Variablen auf die abhängige Variable unterstellen. Der Wahrheitsgehalt dieser Hypothesen soll daraufhin überprüft werden. Bei den in dieser Studie erhobenen Daten handelt es sich um Primärdaten (Homburg, 2016). Diese wurden eigens im Rahmen der vorliegenden Studie erhoben. Zur Erhebung dieser Daten wurde eine quantitative Methode aus einer Kombination von Onlinebefragung und Experiment gewählt. Quantitative Forschungsansätze zielen darauf ab, möglichst viele standardisierte und damit vergleichbare Daten zu erheben.

Ein Experiment bietet sich immer dann an, wenn wie in diesem Fall ein Zusammenhang zwischen einer Ursache und ihrer Wirkung überprüft werden soll (Homburg, 2016). Die mögliche Ursache (Influencer-Marketing) muss dabei verändert werden, um einen Einfluss auf die Veränderung der Wirkung (Markeneinstellung, Kaufentscheidung) zu messen. Konkret wird dafür ein Experiment durchgeführt. Das bedeutet, dass die Realität unter künstlichen Bedingungen nachgestellt wird und die Versuchsteilnehmer wissen, dass sie an einem Experiment teilnehmen. Reale Bedingungen hätten bei dieser Forschung bedeutet, dass jeder Versuchsteilnehmer nichts an seinem Instagram-Nutzungsverhalten verändert und damit nur insoweit Influencer-Produktplatzierung ausgesetzt ist, wie er Influencer aktuell abonniert hat und diese auch Werbung posten. Die Daten der einzelnen Teilnehmer wären so aber nicht vergleichbar, da diese Variable bei jedem anders aussähe, wenn sie überhaupt Influencer-Marketing ausgesetzt wären. Des Weiteren wurde, wie bereits erläutert, das Konstrukt Markeneinstellung gewählt, um die Veränderungen durch Influencer-Marketing messbar zu machen. Die Einstellungserhebung muss dazu ganz konkret auf eine Marke bezogen werden. Auch hier wäre es unter realen Umständen unmöglich, sich auf eine Marke, die für alle Teilnehmer gilt, zu beziehen. Daher wurde im Rahmen eines Experiments real gepostete Influencer-Werbung auf Instagram nachgestellt und so zusammengesetzt, dass die Bedingungen für alle Teilnehmer identisch und die Daten messbar sind.

In Kombination zum Experiment erfolgte eine Onlinebefragung, um die Veränderung in der Einstellung und Kaufentscheidung messen zu können. Dafür wurde über das Umfragetool „Umfrage Online" ein Fragebogen erstellt (vgl. Abschnitt 3.2.2) und per E-Mail an die Teilnehmer verschickt. Um sicherzustellen, dass diese Veränderung auch vom Influencer-Marketing abhängig war, erfolgte die Datenerhebung in einem Pretest-Posttest Control Group Design (Homburg, 2016). Pretest-Posttest bedeutet, dass die Versuchsteilnehmer einen Fragebogen zur Markeneinstellung und Kaufentscheidung vor dem Einfluss durch Influencer-Marketing zur Beantwortung vorgelegt bekommen und einen danach. Damit lässt sich die Veränderung genau messen. Für den Beweis, dass diese Veränderung auch tatsächlich durch Influencer-Marketing ausgelöst wurde, gab es eine Kontrollgruppe, die keinem Influencer-Marketing ausgesetzt war. Diese beantwortete nur zu Beginn der Testphase den Fragebogen zur Markeneinstellung und Kaufentscheidung und zum gleichen Zeitpunkt wie die Testgruppe am Ende der 3-wöchigen Testphase erneut. Bei der Kontrollgruppe durfte es ohne den Einfluss von Influencer-Marketing demnach keine Veränderung zwischen beiden Erhebungszeitpunkten geben. Das und weitere Störgrößen lassen sich durch das Kontrollgruppendesign kontrollieren. Zu möglichen Störeffekten zählen unter anderem der History-Effekt, beispielsweise ein während der Testphase bekannt werdender Skandal der getesteten Marken. Dieser Effekt würde sowohl die Test- als auch die Kontrollgruppe beeinflussen. Ebenso kann der Selection-Effekt kontrolliert werden, damit beispielsweise zufällig nicht nur Fans der Marke in der Testgruppe landen (Homburg, 2016).

Zusammenfassend gab es zwei Gruppen: eine Testgruppe, die Influencer-Marketing ausgesetzt war, und eine Kontrollgruppe, die es nicht war. Beide Gruppen beantworteten aber zu Beginn der 3-wöchigen Testphase und am Ende jeweils einen identischen Fragebogen, insgesamt wurden also vier Fragebögen bearbeitet. Der einzige Unterschied in den Fragebögen lag in den Fragen zur persönlichen Reaktanz, die nur der Testgruppe im Fragebogen am Ende der Testphase gestellt wurden.

3.2 Gestaltung des Erhebungsinstrumentes

3.2.1 Nachstellung der Produktplatzierungen

Um die Realität möglichst genau abzubilden, wurden reale Instagram-Posts von drei Influencerinnen nachgestellt. „barbarasofie", „dominokati" und „ischtarisik" verfügen alle über einen erfolgreichen Youtube-Kanal und haben demnach auch auf der Plattform Instagram viele Fans (im Schnitt 950.000 Abonnenten, Stand Juni 2019). Die Entscheidung für diese drei Influencerinnen fiel aufgrund der Marken, für die sie werben. In regelmäßigen Abständen teilen sie Produktplatzierungen für Nivea und Hollister. Es wurde davon ausgegangen, dass beide Marken bei den Versuchsteilnehmern ausreichend bekannt sind, auch eventuell ohne selbst Produkte der Marke zu besitzen. Damit konnten die Markeneinstellung und Kaufentscheidung anhand dieser beiden Marken ohne weitere Vorrausetzungen gemessen werden. Durch das Einbeziehen von zwei Marken, neben der Kontrollgruppe, wurden die von Homburg (2016) genannten Selection- und History-Effekte kontrolliert. Wäre die Einstellung nur anhand einer Marke gemessen worden, hätte nicht ausgeschlossen werden können, dass eine Veränderung bzw. keine Veränderung davon abhängig war, wie beliebt oder unbeliebt die Marke von vornherein war.

Ebenso hätte eine Veränderung von aktuellen Meldungen über die Marke, TV-Auftritten, eigenen Erfahrungen während der Testphase etc. aufkommen können. Wäre die Veränderung bei beiden Marken aber am Ende der Datenerhebung in die gleiche Richtung gegangen, hätten andere Einflüsse außer Influencer-Marketing ausgeschlossen werden können. Für das Experiment wurde zunächst ermittelt, wie häufig alle drei Influencerinnen in den vergangenen Wochen Produktplatzierungen für Nivea und Hollister gepostet haben. Konkret wurden die beiden Monate August und September eines Jahres betrachtet. Die Möglichkeit, die Influencer-Werbung nicht nachzustellen, sondern die Versuchsteilnehmer alle drei Influencerinnen abonnieren zu lassen, um in Echtzeit neue Produktplatzierungen zu sehen, wurde aufgrund der Unsicherheit, ob und wie viel Werbung tatsächlich im Versuchszeitraum gepostet wird, ausgeschlossen. Daher wurde die in der Realität gepostete Werbung aus den Monaten August und September für das Experiment neu aufgesetzt. Aus datenschutzrechtlichen Gründen wurden die Fotos der „echten" Influencerinnen von zwei fiktiven Influencerinnen nachgestellt und jeweils ein neuer Instagram-Account angelegt, welchen die Versuchsteilnehmer aus der Testgruppe abonnieren mussten. Jedes Model verkörperte damit eine Influencerin auf ihrem Account, „missfranzi" (Abbildung 1 und 2) sowie „kindofstephi" (Abbildung 3). Die beiden Models auf den nachgestellten Bildern wurden nach zwei Kriterien ausgewählt. Zum einen ist die Altersstufe identisch zu der der Influencerinnen und zum anderen war keines der beiden Models den späteren Versuchsteilnehmern persönlich bekannt, um mögliche Verzerrungen durch private Freundschaften oder Ähnliches auszuschließen. Den Versuchsteilnehmern wurde nicht mitgeteilt, dass die beiden Accounts extra für dieses Experiment erstellt und die gezeigten Influencerinnen nicht die ursprünglichen Werbegesichter der Produktplatzierung sind. Alle Bildtexte wurden weitestgehend aus dem Original übernommen. Abbildung 1, 2 und 3 zeigen eine Gegenüberstellung der Originale und der entsprechenden nachgestellten Bilder sowie der jeweiligen Bildtexte.

Wenn du die perfekte Boyfriend Jeans gefunden hast und sie nicht mehr ausziehen willst, weil sie so bequem ist! @hollister_germany #werbung

Abb. 1: Nachstellung „ischtarisik" (eigene Darstellung), Bildtext Original (instagram.com/ischtarisik, 2017)

Anzeige <3 Eigentlich waren @kindofstephi und ich letzte Woche von NIVEA zum Lollapalooza Festival eingeladen. Aber das Wetter war so schlecht, dass wir nicht hin konnten. Dafür haben wir gestern alles nachgeholt und sind shoppen gewesen und haben es uns gemütlich gemacht.

Ich liebe Luftballons einfach! Habe diese in Berlin auf einem Event von NIVEA geklaut. Hier ging es heute um das Thema Großstadtliebe und im Rahmen dessen, wurde heute eine neue Pflegeserie vorgestellt. Jetzt ratet mal, wie viel Prozent der Deutschen in der Stadt wohnen? Für gerade die wurde die Urbanskin Serie nämlich entwickelt. Tipp: Es sind mehr als 50 %.

Abb. 2: Nachstellung „barbarasofie" (eigene Darstellung), Bildtexte Original (instagram.com/barbarasofie, 2017)

Coffeetime in Berlin! *Anzeige* Durfte hier gestern eine tolle Zeit auf dem NIVEA Großstadtliebe Event verbringen und viel über meine Haut und das neue Produkt Urbanskin lernen!

Anzeige | Tadaaa! Mein Lieblingsoutfit!
hollister_germany
Finde meine Hose super bequem, sie passt sich perfekt an und betont meine Beine so, wie ich es mag!

Believe it or not...aber dieses Bild entstand genau 5 Minuten bevor wir von starkem Platzregen überrascht wurden! Habt ihr die coole Bestickung auf meiner Jeans entdeckt? Das könnt ihr nämlich auch bei den Monogramming Events von hollister_germany machen lassen!

Abb. 3: Nachstellung „dominokati" (eigene Darstellung), Bildtext Original (instagram.com/dominokati, 2017)

3.2.2 Fragebogen

Insgesamt wurden vier Fragebögen erstellt, zwei für die Testgruppe und zwei für die Kontrollgruppe. Zudem wurde unterschieden zwischen Fragebögen zum Zeitpunkt eins – vor dem Einfluss durch Influencer-Marketing auf die Testgruppe – und zum Zeitpunkt zwei – nach dem Einfluss auf die Testgruppe. Die beiden Fragebögen der Test- und Kontrollgruppe waren zum Zeitpunkt eins noch identisch. Es wurden demografische Merkmale, die Markeneinstellung und die Kaufentscheidung sowohl für Nivea als auch für Hollister abgefragt. Die Fragebögen zum Zeitpunkt zwei beinhalteten erneut alle drei Konstrukte. Der Unterschied zwischen Test- und Kontrollgruppe lag hier allerdings darin, dass die Testgruppe zusätzlich Fragen zur Ermittlung ihrer persönlichen Reaktanz zur Beantwortung vorgelegt bekam. Jeder Fragebogen begann mit einer Begrüßungs- bzw. Einweisungsfolie, die in kurzen Worten für die Teilnahme dankte, die Länge der voraussichtlichen Bearbeitungsdauer von 1–2 bzw. 5 Minuten nannte und vor allem auf die Anonymität der Daten hinwies.

Demografische Merkmale und Nickname

Die Beantwortung der Fragebögen erfolgte anonym. Dennoch war es für die Auswertung wichtig, dass beide Fragebögen, die jeweils eine Person ausfüllte, am Ende auch der gleichen Person zugeordnet werden konnten. Daher sollte jeder Versuchsteilnehmer beim ersten und zweiten Fragebogen den identischen Nickname hinterlegen. Damit wurde sichergestellt, dass die Einstellungsänderung etc. der richtigen Person zugeordnet und korrekt ausgewertet werden konnte.

Markeneinstellung

Wie bereits genannt, wurde das Konstrukt Markeneinstellung als Anhaltspunkt für die Veränderung durch den Einfluss von Influencer-Marketing gewählt. Im Rahmen der Fragebögen wurde die Einstellung zu den Marken Nivea und Hollister abgefragt. Durch die Messung der Einstellung vor und nach dem Einfluss konnte diese Veränderung messbar gemacht werden. Der Fragebogen setzte sich aus vergangenen Studien zur Messung dieses Konstrukts zusammen. Das Konstrukt Markeneinstellung wurde in allen vier Fragebögen abgefragt.

Kaufentscheidung

Das Messinstrument für das Konstrukt Kaufentscheidung wurde in Anlehnung an Leclerc et al. (1994, S. 266) gewählt. Leclerc et al. (1994) messen in deren Studie das Konstrukt anhand einer Skala mit den Polen „not at all likely" bis „very likely". Das Konstrukt Kaufentscheidung wurde in allen vier Fragebögen abgefragt.

Persönliche Reaktanz

Das letzte zu messende Konstrukt stellte die persönliche Reaktanz dar. Nach Brehm & Brehm (1981) hängt die Stärke der Reaktanz von der Persönlichkeit der betroffenen Person ab. Da in diesem Experiment nur die Testgruppe mit Influencer-Marketing konfrontiert wurde und es somit nur hier die Möglichkeit auf Reaktanzverhalten gab, wurde dieses Konstrukt nur in der Testgruppe abgefragt. Die einmalige Abfrage erfolgte im zweiten Fragebogen. Bei einer Platzierung im ersten Fragebogen, vor dem Einfluss durch Influencer-Marketing, hätte das Risiko bestanden, dass die Teilnehmer Rückschlüsse auf das eigentliche Ziel des Experimentes gezogen hätten und das Ergebnis verzerrt worden wäre. Um dieses Konstrukt zu messen, wurde ein 2002 von Herzberg entwickelter Fragebogen verwendet.

3.3 Stichprobenauswahl

Testgruppe

Die Stichprobe für diese Studie konnte sehr konkret bestimmt werden. Damit die Nachstellung der Produktplatzierung auf Instagram so realistisch wie möglich ablaufen konnte, musste die Stichprobe so gewählt werden, dass die Versuchsteilnehmer hinsichtlich ihres Geschlechts, ihres Alters und der eigenen Interessen tatsächlich Abonnenten von „ischtarisik", „barbarasofie" oder „dominokati" hätten sein können. Die erste Voraussetzung für alle Teilnehmer der Testgruppe war, dass diese über einen eigenen Instagram-Account verfügen. Des Weiteren wurde überprüft, dass keiner der möglichen Teilnehmer der Testgruppe tatsächlich bereits Abonnent einer der drei Influencerinnen war. Damit sollte verhindert werden, dass Teilnehmer die nachgestellten Bilder und Texte erkennen und sich daran erinnern, vor wenigen Wochen dieses Bild bzw. diese Bilder so ähnlich bereits auf Instagram gesehen zu haben. Dadurch hätte das Ergebnis der Studie verzerrt werden können. Abgesehen von diesen beiden Voraussetzungen, waren das Alter und das Geschlecht die beiden wichtigsten Kriterien bei der Auswahl der Versuchsteilnehmer. Bei den drei Influencerinnen, die als Vorlage dienten, handelt es sich um junge Frauen im Alter von Anfang bis Mitte 20. Auch deren bis zu diesem Zeitpunkt veröffentlichten Bilder zeigen Inhalte, die genau diese Zielgruppe ansprechen: Mode, Frisuren, Make-up, Reisen, Freunde und Familie. Es liegt daher nahe, warum die Marken Nivea und Hollister diese Influencerinnen für eine Zusammenarbeit ausgewählt haben: Deren Zielgruppe auf Instagram entspricht der Zielgruppe, die auch die beiden Marken ansprechen möchten. Nivea möchte mit seiner neuen Pflegeserie „Urban Skin" Frauen (es sind nur Frauen auf den Werbebildern abgebildet) erreichen, die ein aufregendes Leben in der Großstadt führen (Beiersdorf AG, 2017). Ebenso liegt der Fokus der Marke Hollister auf einer jungen, modernen Zielgruppe. Das zeigt sich zum einen an den Models auf den im Onlineshop der Marke gezeigten Fotos, zum anderen auch in der Unterteilung des Onlineshops zwischen „Jungs" und „Mädels" (Hollister, 2018). Für die Stichprobe ergab sich damit eine Einschränkung auf weibliche Versuchsteilnehmer zwischen 18–25 Jahren. Das Alter 18 wurde als untere Grenze gesetzt, um eine Trennung zu Teenagern zu schaffen. Auch im Hinblick auf Nivea und seinem aufregenden, selbstständigen Leben in der Großstadt sollte der Fokus nur auf jungen Erwachsenen liegen. Da keine der drei Influencerinnen zu diesem Zeitpunkt selbst älter als 25 Jahre alt war, wurde dieses Alter daher als obere Grenze gewählt. Im letzten Schritt wurden die Versuchsteilnehmerinnen dahin gehend ausgewählt, dass Interesse für die Bereiche Lifestyle, Mode etc. bestand.

Kontrollgruppe

Anders als in der Testgruppe sollten die Teilnehmerinnen der Kontrollgruppe nicht auf Instagram aktiv sein. Wäre das der Fall gewesen, wäre nicht sichergestellt, dass die Teilnehmer der Kontrollgruppe auch wirklich keinem Influencer-Marketing als Produktplatzierung auf Instagram ausgesetzt gewesen wären. Alle anderen Merkmale wie Alter, Geschlecht, Interessen und ein Bezug zu den Marken Nivea und Hollister sollten in der Kontrollgruppe identisch zu den Teilnehmerinnen der Testgruppe sein, um die Daten miteinander vergleichen zu können.

Letztendlich bestand die Testgruppe aus 27 Frauen mit einem Durchschnittsalter von 21,14 Jahren. Die Kontrollgruppe bestand aus 21 Frauen mit einem Durchschnittsalter von 21,76. Die ungleiche Verteilung der Anzahl der Teilnehmer beider Gruppen resultierte daraus, dass Teilnehmerinnen der Kontrollgruppe im Laufe des Experimentes abgesprungen sind und somit der zweite Fragebogen nicht mehr ausgefüllt wurde.

3.4 Durchführung

Vor Beginn des Experimentes wurde die E-Mail-Adresse jeder Teilnehmerin ermittelt und die Testgruppe gebeten, die beiden Instagram-Accounts „kindofstephi" und „_missfranzi" zu abonnieren. Daraufhin, nachdem alle 27 Teilnehmerinnen die beiden Accounts abonniert hatten, wurde der Link des Umfragetools des ersten Fragebogens per E-Mail an beide Gruppen verschickt. Nach vollständiger Beantwortung beider Gruppen wurde zwei Tage später das erste Foto auf beiden Accounts veröffentlicht. Einen Tag nach Veröffentlichung des letzten Fotos wurde der zweite Fragebogen als Link zum Umfragetool verschickt. Damit war die Datenerhebung abgeschlossen. Insgesamt, mit Verschicken der Fragebögen, ergab sich ein Erhebungszeitraum von 24 Tagen.

4 Datenauswertung

Explikativen Forschungen liegen vorab formulierte Hypothesen zugrunde (siehe Tabelle 1). Die Hypothesen dieser Studie werden im Folgenden genannt. Allgemein handelt es sich bei der Auswertung dieser Studie um ein bivariates Verfahren. Das bedeutet, dass immer zwei Variablen beachtet werden (Homburg, 2016): Influencer-Marketing als unabhängige Variable und die daraus resultierende Markeneinstellung bzw. Kaufentscheidung als abhängige Variable.

4.1 Hypothesen

Tab. 1: Hypothesen (eigene Darstellung)

H1	Es gibt eine Veränderung zwischen der Markeneinstellung vor dem Einfluss durch Influencer-Marketing auf Instagram und der Markeneinstellung danach.
H1a	Es gibt eine Veränderung zwischen der Markeneinstellung zu Nivea vor dem Einfluss durch Influencer-Marketing auf Instagram und der Markeneinstellung danach.
H1b	Es gibt eine Veränderung zwischen der Markeneinstellung zu Hollister vor dem Einfluss durch Influencer-Marketing auf Instagram und der Markeneinstellung danach.
H2	Es gibt eine Veränderung zwischen der Kaufentscheidung vor dem Einfluss durch Influencer-Marketing auf Instagram und der Kaufentscheidung danach.
H2a	Es gibt eine Veränderung zwischen der Kaufentscheidung zu Nivea vor dem Einfluss durch Influencer-Marketing auf Instagram und der Kaufentscheidung danach.
H2b	Es gibt eine Veränderung zwischen der Kaufentscheidung zu Hollister vor dem Einfluss durch Influencer-Marketing auf Instagram und der Kaufentscheidung danach.
H3	Die Veränderung in der Markeneinstellung zwischen Erhebungszeitpunkt 1 und 2 ist in der Testgruppe größer als in der Kontrollgruppe.
H3a	Die Veränderung in der Markeneinstellung zu Nivea zwischen Erhebungszeitpunkt 1 und 2 ist in der Testgruppe größer als in der Kontrollgruppe.
H3b	Die Veränderung in der Markeneinstellung zu Hollister zwischen Erhebungszeitpunkt 1 und 2 ist in der Testgruppe größer als in der Kontrollgruppe.
H4	Die Veränderung in der Kaufentscheidung zwischen Erhebungszeitpunkt 1 und 2 ist in der Testgruppe größer als in der Kontrollgruppe.
H4a	Die Veränderung in der Kaufentscheidung zu Nivea zwischen Erhebungszeitpunkt 1 und 2 ist in der Testgruppe größer als in der Kontrollgruppe.
H4b	Die Veränderung in der Kaufentscheidung zu Hollister zwischen Erhebungszeitpunkt 1 und 2 ist in der Testgruppe größer als in der Kontrollgruppe.
H5	Es gibt einen Zusammenhang zwischen der Verschlechterung der Markeneinstellung und einer hohen Ausprägung von persönlicher Reaktanz.

4.2 Deskriptive Statistik

Zunächst werden im Rahmen der deskriptiven Statistik die Mittelwerte (= $\overline{x}$) der erhobenen Daten vorgestellt. Das potenzielle Maximum des Wertes liegt bei 5. Die folgenden Tabellen gliedern sich nach der Marke, ob die Markeneinstellung oder Kaufentscheidung gemessen wurde, nach der Stichprobengröße (= n) und nach dem Erhebungszeitpunkt (vor dem Einfluss durch Influencer-Marketing oder danach). Tabelle 2 zeigt die Mittelwerte der Testgruppe, Tabelle 4 stellt die Werte der Kontrollgruppe vor.

In diesem Fall geben die Werte Rückschlüsse darauf, inwieweit und in welche Richtung sich die Konstrukte verändert haben. Die Auswertung der Mittelwerte erfolgte über Excel.

Testgruppe

Tab. 2: Mittelwerte der Testgruppe (eigene Darstellung)

Marke	Konstrukt	N	$\bar{x}$ Zeitpunkt 1	$\bar{x}$ Zeitpunkt 2
Nivea	Markeneinstellung	27	4,21	3,89
Hollister	Markeneinstellung	27	3,27	3,18
Nivea	Kaufentscheidung	27	3,88	3,63
Hollister	Kaufentscheidung	27	2,92	2,96
–	Persönliche Reaktanz	27	–	2,47

Die Abgrenzung, ab wann von hoher und ab wann von niedriger persönlicher Reaktanz zu sprechen ist, liegt bei einem Grenzwert von 2,5. Für alle Items des Reaktanzfragebogens standen vier Antwortmöglichkeiten mit den Werten 1–4 zu Verfügung. Die Summe der Werte geteilt durch die Anzahl der Antwortmöglichkeiten ergibt den Wert 2,5. Somit wird eine persönliche Reaktanz von einem Wert unter 2,5 als niedrig betrachtet und über 2,5 als hoch. Die Kreuztabelle (Tabelle 3) zeigt die Verteilung zwischen der Art der Einstellungsänderung und der Höhe der persönlichen Reaktanz. Dafür werden von jeder Teilnehmerin die Daten zur Markeneinstellung beider Marken gegenübergestellt. Teilnehmerinnen, bei denen sich die Einstellung zu Nivea verbessert und zu Hollister verschlechtert hat oder umgekehrt Nivea verschlechtert und Hollister verbessert hat, werden ausgeschlossen. Für die Auswertung dieser Hypothese sind diese Daten nicht relevant, da die Einstellungsänderung ohne Zusammenhang erfolgt. Der Zusammenhang zwischen Markeneinstellung und persönlicher Reaktanz wird pro Versuchsperson zweimal berücksichtigt, für jede Marke einzeln. Somit ergibt sich hier eine Stichprobengröße von $n = 44$.

Tab. 3: Kreuztabelle persönliche Reaktanz und Art der Einstellungsänderung (eigene Darstellung)

		Persönliche Reaktanz	
		Hoch	Niedrig
A.d.E.	+	7	–
	–	14	11
	0	7	5

Kontrollgruppe

Tab. 4: Mittelwerte der Kontrollgruppe (eigene Darstellung)

Marke	Konstrukt	N	$\bar{x}$ Zeitpunkt 1	$\bar{x}$ Zeitpunkt 2
Nivea	Markeneinstellung	21	3,96	3,93
Hollister	Markeneinstellung	21	2,88	2,90
Nivea	Kaufentscheidung	21	3,43	3,38
Hollister	Kaufentscheidung	21	2,43	2,62

Zusammenfassend lässt sich nur anhand der errechneten Mittelwerte der Daten sagen, dass sich in der Testgruppe, durch den Einfluss von Influencer-Marketing, die Markeneinstellung bei beiden Marken verschlechtert hat. Die Kaufentscheidung hingegen fällt bei Nivea, steigt aber bei Hollister. Der Zusammenhang zwischen der Art der Einstellungsänderung und der persönlichen Reaktanz tendiert nur minimal zu hoher Reaktanz bei negativer Einstellungsänderung. Die Werte der Kontrollgruppe, die keinem Influencer-Marketing ausgesetzt war, haben sich nur minimal verändert. Damit hätte die Kontrollgruppe ihren Zweck, zu beweisen, dass sich die Einstellung ohne Influencer-Marketing nicht verändert, erfüllt.

4.3 Induktive Statistik

Induktive Verfahren ermöglichen es, anhand von Merkmalen aus der Stichprobe auf die Grundgesamtheit zu schließen (Homburg, 2016). Da es sich hierbei jedoch nur um Wahrscheinlichkeiten handelt, muss eine Irrtumswahrscheinlichkeit, Signifikanzniveau genannt, beachtet werden. Dieses liegt bei 5 % (Backhaus et al., 2016). Das bedeutet: Die Wahrscheinlichkeit, dass die Nullhypothese abgelehnt wird, obwohl sie richtig ist, liegt bei .05. Auf die Berechnung der Effektstärke der erhobenen Daten wird verzichtet, da die zugrunde liegende Grundgesamtheit der Forschung sehr eingeschränkt ist und demnach die Stichprobe sehr exakt gewählt werden konnte. Die Auswertung der Daten erfolgt über das Statistikprogramm R.

Zur Auswertung der Hypothesen H1–H4 wird der t-Test für abhängige Stichproben (H1, H2) und für unabhängige Stichproben (H3, H4) verwendet. Im Rahmen dieses bivariaten induktiven Verfahrens werden zwei Stichprobenmittelwerte miteinander verglichen. Die Differenz zwischen beiden Werten muss groß genug sein, um auf die Grundgesamtheit schließen zu können (Homburg, 2016). Die Anwendung des t-Tests setzt eine Normalverteilung der Stichprobe voraus. Laut dem zentralen Grenzwertsatz kann ab einer Stichprobengröße von 30 Normalverteilung unterstellt werden (Holland & Scharnbacher, 2004). Da die Stichprobengröße für alle 4 Hypothesen bei $n = 48$ liegt, ist dieses Kriterium gegeben. Ebenso ist der t-Test sehr robust, was Fehler in der Annahme von Normalverteilung betrifft (Wilcox, 2012). Die jeweiligen Unter-hypothesen H1a,b; H2a,b; H3a,b und H4a,b werden mittels des Wilcoxon-Tests für abhängige Stichproben (H1a,b; H2a,b) und unabhängige Stichproben (H3a,b; H4a,b) ausgewertet. Aufgrund der geringen Stichprobe von $n = 27$ bei Nivea und $n = 21$ bei Hollister liegt hier keine Normalverteilung vor. Alle Ergebnisse werden auf zwei Dezimalen gerundet dargestellt.

Markeneinstellung

Im Rahmen der Hypothese H1 konnte eine signifikante Veränderung zwischen der Markeneinstellung vor dem Einfluss durch Influencer-Marketing und der Markenein-stellung danach festgestellt werden, $t(53) = 2.66$, $p = .01$. Beide Marken einzeln betrachtet (H1a, b), liegt nur bei Nivea, $p = .02$ eine signifikante Veränderung vor. Der Wert für die Markeneinstellung von Hollister liegt bei $p = .28$.

Kaufentscheidung

Der t-Test für abhängige Stichproben konnte für die H2 keine signifikante Verände-rung in der Kaufentscheidung zwischen den beiden Erhebungszeitpunkten feststel-len, $t(53) = 1.14$, $p = .26$. Ebenso ergibt sich in der separaten Betrachtung beider Marken (H2a, b) für Nivea eine nicht signifikante Veränderung, $p = .06$. Für Hollister ergibt sich ein nicht signifikanter Wert von $p = .83$.

Testgruppe/Kontrollgruppe

Um die beiden Forschungsfragen zu untermauern und um zu beweisen, dass mög-liche Effekte auch wirklich durch den Einfluss von Influencer-Marketing entstehen, werden die Hypothesen H3 und H4 ergänzt. Der t-Test für unabhängige Stichproben ergibt für die H3 einen signifikanten Wert, $t(86) = 2.18$, $p = .03$. Die Veränderung in der Markeneinstellung ist demnach in der Testgruppe größer als in der Kontrollgrup-pe. Jede Marke einzeln betrachtet (H3a, b) bringt allerdings keine signifikante Verän-derung: Nivea $p = .16$ und Hollister $p = .17$. Für die Kaufentscheidung (H4) konnte kein signifikanter Wert nachgewiesen werden, $t(94) = 1.4$, $p = .16$. Die Veränderung zwischen Erhebungszeitpunkt 1 und 2 ist in der Testgruppe nicht merklich stärker als in der Kontrollgruppe. Demnach ergeben sich für jede Marke einzeln (H4a, b) keine signifikanten Werte. Der Wert für Nivea liegt bei $p = .25$ und für Hollister bei $p = .37$.

Persönliche Reaktanz

Der Zusammenhang zwischen der Einstellungsänderung zur Marke und der persön-lichen Reaktanz bei der H5 wird durch den Korrelationskoeffizienten nach Pearson ermittelt. Korrelationen untersuchen, inwieweit Veränderungen der einen Variablen mit Änderungen der anderen Variablen verbunden sind (Homburg, 2016). Der Korre-lationskoeffizient bewegt sich zwischen den Werten -1 bis +1. Bei einem negativen Wert ist der Zusammenhang gegenläufig, bei einem positiven Wert ist der Zusammenhang gleichgerichtet. Bei den Werten $r = -1$ und $r = 1$ ist der Zusammenhang sehr stark. Bei $r = 0$ gibt es keinen Zusammenhang zwischen den Variablen (Homburg, 2016). Für die Verwendung der Pearson-Korrelation sind die Normalverteilung der Stichprobe sowie die Intervallskalierung der Daten Voraussetzung. Durch die Codierung der Antwortmöglichkeiten und einer Stichprobe von $n = 44$ sind beide Kriterien gegeben. Nach Auswertung der Korrelation nach Pearson, $r(42) = -.06$, $p = 0.6$, konnte kein signifikanter, aber negativer Zusammenhang festgestellt werden.

Auf Basis der deskriptiven Statistik zeigt sich, dass die Marke Nivea hinsichtlich der Markeneinstellung mit einem Mittelwert von 4,21 deutlich besser bewertet wurde als Hollister mit 3,27. Die Verschlechterung zum zweiten Erhebungszeitpunkt fiel bei Nivea daraufhin allerdings um 5 % stärker aus als bei Hollister. Eine Begründung dieses Aspekts folgt in Abschnitt 5.1 im Rahmen der Interpretation der Ergebnisse. Da die Haltung der Versuchsteilnehmerinnen zu beiden Marken so unterschiedlich ist und deshalb auch mit unterschiedlichem Reaktanzverhalten reagiert wurde, soll an dieser Stelle zusätzlich der Zusammenhang der Einstellungsverschlechterung und der persönlichen Reaktanz für beide Marken einzeln betrachtet werden. Die Auswertung erfolgte mittels des Spearman-Rangkorrelationskoeffizienten, ein Test zur Messung der Korrelation nicht normalverteilter Stichproben. Mit einer Stichprobe von jeweils $n = 22$ wird diese nicht als gegeben angenommen. Die Ergebnisse zeigen, dass die persönliche Reaktanz in keinem Zusammenhang mit der Einstellungsverschlechterung steht, unabhängig davon, welchen Bezug die Versuchspersonen zur Marke haben. Für Nivea konnte kein signifikanter Zusammenhang, rho $= .02$, $p = .93$, festgestellt werden ebenso wenig für Hollister, rho $= .03$, $p = .91$. Beide Korrelationskoeffizienten liegen nah an $r = 0$, was bedeutet, dass es keinen Zusammenhang zwischen den Variablen gibt (Homburg, 2016).

5 Analyse der Forschung

5.1 Interpretation der Ergebnisse

Der grundsätzliche Ausgangspunkt dieser Studie lag darin, dass es zahlreiche Erkenntnisse hinsichtlich der positiven Effekte des Influencer-Marketings gibt. Dennoch liegt die Erfolgsquote meist deutlich unter 50 %. Ebenso ergab sich, dass viele Nutzer von der Werbung sogar eher genervt sind (vgl. Abschnitt 2.2.2).

Forschungsfrage 1: Hat Influencer-Marketing auf Instagram einen (negativen oder positiven) Einfluss auf die Einstellung der beworbenen Marke?

Die von Brehm (1966) sowie Weiner & Brehm (1966) erforschte Ablehnung konnte im Rahmen der ersten Forschungsfrage und der dazugehörigen Hypothese gemessen und bestätigt werden. Im Rahmen dieses Experimentes hat sich die Markeneinstellung von beiden Marken verschlechtert. Hierbei zeigt sich bei der Betrachtung der erhobenen Werte von jeder Marke einzeln aber folgende Auffälligkeit: Nivea wurde zum ersten Erhebungszeitpunkt mit einem Mittelwert von 4,21 deutlich besser bewertet als Hollister mit einem Mittelwert von 3,27. Dafür war der Fall der Markeneinstellung nach dem Einfluss von Influencer-Marketing bei Nivea im Verhältnis stärker als bei Hollister. Dieses Phänomen lässt sich anhand des Involvements der Testpersonen erklären.

Involvement

Unter Involvement im Zusammenhang mit Marketing und Kundenbindung versteht man „die innere Beteiligung, das Engagement", mit dem sich Konsumenten den gezeigten Informationen zuwenden und diesen Aufmerksamkeit schenken (Kroeber-Riel & Gröppel-Klein, 2013, S. 96). Diese Aufmerksamkeit fällt bei geringem Involvement entsprechend niedriger aus. „Je höher das Involvement einer Person bezüglich eines Meinungsgegenstandes ist, desto höher ist die Wahrscheinlichkeit, dass eine intensive Informationsverarbeitung stattfindet, also die zentrale Route eingeschlagen wird, die dann zu einer tiefen Einstellungsänderung führt" (Kroeber-Riel & Gröppel-Klein, 2013, S. 287). Die möglichen Folgen des Involvements sind unterschiedlich. Eine davon ist, gegen die Werbung zu argumentieren. Das Involvement zu Nivea war sehr hoch, demnach wurde der Influencer-Werbung hohe Aufmerksamkeit geschenkt. Da das Influencer-Marketing von der Testgruppe als negativ empfunden wurde, hat es folglich zu einer tiefen negativen Einstellungsänderung geführt. Bei Hollister hingegen war der Bezug der Testgruppe zur Marke geringer und die Influencer-Werbung wurde mit weniger Aufmerksamkeit und damit letztendlich weniger kritisch betrachtet. Demnach fiel die Einstellungsänderung weniger stark aus.

Forschungsfrage 2: Hat Influencer-Marketing auf Instagram einen (negativen oder positiven) Einfluss auf die Kaufentscheidung der beworbenen Marke?

Im Gegensatz zur Markeneinstellung, die bei beiden Marken fällt, verändern sich die Werte der Kaufentscheidung beider Marken in zwei verschiedene Richtungen. Entsprechend der Markeneinstellung fällt bei Nivea auch die Kaufentscheidung nach dem Einfluss durch Influencer-Marketing um 6 %. Dennoch lag die Kaufentscheidung bei Nivea mit einem anfänglichen Mittelwert von 3,88 deutlich unter dem anfänglichen Mittelwert der Einstellung von 4,21. Das zeigt, dass eine hohe Markeneinstellung nicht zwangsläufig eine hohe Kaufentscheidung bedeutet.

Dass es keinen kausalen Zusammenhang zwischen Einstellung und Verhaltensabsicht gibt, zeigt sich auch an den Werten der Marke Hollister.

Forschungsfrage 3: Gibt es einen Zusammenhang zwischen der persönlichen Reaktanz einer Person und deren Art (positiv oder negativ) der Einstellungsänderung?

Ausgangspunkt dieser Forschungsfrage war der Aspekt, dass Reaktanzverhalten nach Brehm & Brehm (1981) unter anderem auch von der Persönlichkeit der betroffenen Person abhängig ist. Demnach ergab sich die Frage, ob es bei Personen mit einer hoch ausgeprägten persönlichen Reaktanz auch vermehrt zu einer Verschlechterung der Markeneinstellung, also Reaktanzverhalten, kommt. Bei allen 27 Versuchsteilnehmerinnen war die persönliche Reaktanz sehr durchschnittlich und ähnlich ausgeprägt. Folglich ergab die induktive Auswertung des Zusammenhangs zwischen hoher Reaktanz und Einstellungsverschlechterung keinen signifikanten Wert. Dennoch konnte im Rahmen der deduktiven Statistik ermittelt werden, dass die Kombination aus hoher Reaktanz und Einstellungsverschlechterung 14-mal und damit von allen Kombinationen am häufigsten vorkommt. Der Zusammenhang der beiden Konstrukte kann aufgrund der geringen Werte zwar nicht angenommen werden, dennoch zeigt sich anhand der Kreuztabelle und der induktiven Auswertung, dass zumindest eine negative Korrelation, wenn auch minimal, vorliegt (Abbildung 4).

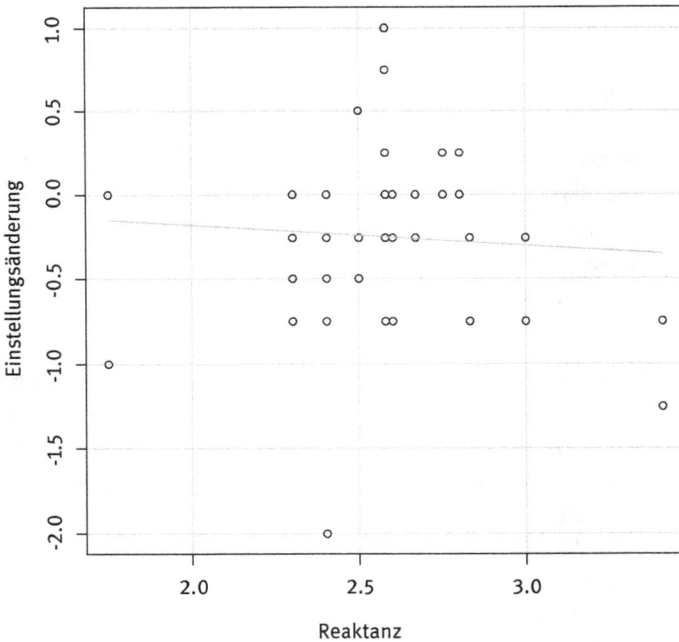

Abb. 4: Zusammenhang persönliche Reaktanz – Einstellungsänderung (eigene Darstellung)

Gegenüberstellung Testgruppe – Kontrollgruppe

Eine Kontrollgruppe war für den Ablauf und die Auswertung dieses Experimentes wichtig, um zu beweisen, dass die Veränderungen in der Markeneinstellung der Testgruppe auch tatsächlich durch Influencer-Marketing ausgelöst wurden. Diese Annahme konnte im Rahmen der Auswertung bestätigt werden. Die Werte der Kontrollgruppe waren zu beiden Erhebungszeitpunkten nahezu identisch und haben sich folglich ohne den Einfluss von Influencer-Marketing nicht verändert.

5.2 Diskussion und Schwächen

Bezug zum Influencer

Das „freiwillige" Verfolgen eines Influencers wird im Rahmen dieser Forschung nicht erfüllt. Zwar wurde die Stichprobe danach ausgewählt, dennoch kann nicht pauschal davon ausgegangen werden, dass die Versuchsteilnehmerinnen die drei ausgewählten Influencerinnen auch in der Realität abonnieren würden. Allerdings muss an dieser Stelle erwähnt werden, dass das Abonnieren eines Influencers, um überhaupt Influencer-Marketing zu sehen, der verbreitetste und sozusagen einfachste Weg ist, aber bei Weitem nicht der einzige. Instagram schlägt seinen Nutzern auf deren Startseite nicht abonnierte Accounts vor. Über diese „Empfehlenfunktion" von Instagram kann nun Influencer-Marketing von Influencern gesehen werden, zu denen keinerlei emotionaler Bezug besteht. Ebenso gibt es auf der Plattform Instagram eine Seite, die veröffentlichte Fotos auf Basis dessen, was anderen Nutzern gefällt, anzeigt. Vor diesem Hintergrund kann das Experiment im Hinblick darauf, dass die Versuchsteilnehmerinnen in Wirklichkeit keine Fans respektive Follower der drei Influencerinnen sind, als besonders realistisch betrachtet werden.

Störvariablen

Ein großer Störfaktor dieser Studie liegt darin, dass nicht kontrolliert werden konnte, ob die Teilnehmerinnen der Testgruppe zwischen beiden Erhebungszeitpunkten auf anderen Kanälen mit Werbung zu den Produkten konfrontiert wurden oder zwischenzeitlich eigene Erfahrungen mit dem Produkt machten. Ebenso gibt es einen Störfaktor, der nicht durch äußere Einflüsse entsteht, sondern bei jeder Versuchsteilnehmerin individuell und von Anfang an ausgeprägt ist: der Haloeffekt bei der Einstellungsmessung. Dieser Effekt hängt unmittelbar mit den eigenen Erfahrungen oder bereits festgefahrenen Einstellungsbildern der Versuchsteilnehmerinnen zusammen (Baumgarth, 2014). Der Haloeffekt besagt, dass ein Objekt, in diesem Fall eine Marke, auf Basis von einer einzelnen Eigenschaft beurteilt wird. Die Eigenschaft ist meist eine Einstellung, die sich bei der Person bereits in der Vergangenheit auf ein anderes Objekt der Marke gebildet hat (Baumgarth, 2014). Baumgarth nennt dafür folgendes Beispiel: Eine Marke, zu der eine Person bereits eine positive Einstellung gebildet hat, bringt ein neues Produkt auf den Markt. Obwohl die Person noch nichts über das Produkt weiß, wird es direkt positiv betrachtet, nur auf Basis vergangener Erfahrungen mit der Marke. Nachdem sich die Markeneinstellung in diesem Experiment bei beiden Marken verschlechtert hat, ist anzunehmen, dass Influencer-Marketing den hauptsächlichen Einfluss auf die Einstellungsverschlechterung hatte. Dennoch ist denkbar, dass die Stärke der Einstellungsänderung von bereits in der Vergangenheit gebildeten Einstellungen abhängig ist. Am Beispiel der beiden Marken kann das bedeuten, dass tatsächlich bei noch mehr Teilnehmerinnen Influencer-Marketing von Nivea Reaktanz ausgelöst hat. Nachdem die positive Einstellung zu Nivea aber schon so gefestigt war, ist es möglich, dass die Influencer-Werbung bei der zweiten Einstellungsmessung weniger Einfluss auf die gewählten Antworten hatte, also die bereits eingefahrene positive Haltung der Marke gegenüber. Andererseits kann das auch bedeuten, dass eine Person eine schlechtere Haltung zur Marke hat (in diesem Fall Hollister), die Influencer-Werbung hingegen ansprechend findet. Dennoch wird die Werbung abgelehnt, weil die negative Einstellung auf sämtliche Handlungen der Marke übertragen wird.

Diese Störvariablen liegen bei dieser Studie zwar vor, allerdings sind es Faktoren, mit denen Unternehmen auch in der Realität konfrontiert sind.

Mängel an den Erhebungsinstrumenten
Aus datenschutzrechtlichen Gründen wurden die auf Instagram veröffentlichten Fotos der drei als Referenz dienenden Influencerinnen nicht selbst weiter veröffentlicht, sondern nachgestellt. Das Niveau der Professionalität und Bildbearbeitung der nachgestellten Fotos ist erkennbar unter dem der originalen Bilder. Es ist nicht auszuschließen, dass die nachgestellten Fotos als weniger ansprechend empfunden wurden als es eventuell die originalen, professionellen Fotos getan hätten. Folglich kann nicht ausgeschlossen werden, dass alleine die Optik der Fotos und damit deren Wirkung auf die Versuchsteilnehmerinnen einen Einfluss auf die Wirkung des Influencer-Marketings gehabt haben.

Ebenso muss an dieser Stelle noch mal erwähnt werden, dass Influencer-Marketing in dieser Studie nur als Produktplatzierung auf Instagram betrachtet wurde. Diese Art ist zwar sehr verbreitet, dennoch können die ermittelten Ergebnisse dieser Studie nicht pauschal auf Influencer-Marketing in anderen Formen und auf anderen Kanälen übertragen werden.

6 Fazit

Ausgangspunkt der vorliegenden Studie war, dass Influencer-Marketing neben seinen vielen, bereits auch wissenschaftlich erforschten Vorteilen auch viele Risiken birgt. Begründet wird dieses Risiko auf der 1966 von Jack W. Brehm formulierten Reaktanztheorie. Im Marketingkontext besagt diese, dass Konsumenten Produkte ablehnen, die aufdringlich beworben werden. Dieser Sachverhalt konnte anhand der Eigenschaften von Influencer-Marketing und vorrangegangener Studien über die Wirkung ähnlicher Werbeformen auf die Wirkung von Influencer-Marketing übertragen werden. Die Forschungsfrage lautete daher, ob Influencer-Marketing einen positiven oder negativen Einfluss auf die Konstrukte Markeneinstellung und Kaufentscheidung hat. Die erhobenen Daten liefern schließlich zwei wichtige Erkenntnisse: Zum einen zeigte sich, dass das Involvement der Konsumenten zu den Marken eine entscheidende Rolle bei der Wirkung von Influencer-Marketing spielt. Besonders beliebte Marken müssen besonders sorgfältig mit dem Thema Influencer-Marketing umgehen. Eine Zusammenarbeit mit einem Influencer, die bei der gewünschten Zielgruppe nicht gut ankommt, wird von dieser viel stärker negativ geahndet als bei Marken, deren Beliebtheit bereits geringer ist. Zum anderen liefern die Ergebnisse der Studie die Erkenntnis, dass bei Influencer-Marketing nicht zwangsläufig von einer positiven Beziehung zwischen Influencer und Empfänger der Werbung ausgegangen werden kann. Dieses Vertrauensverhältnis zwischen einem Influencer und seinen Fans ist der erklärte Vorteil von Influencer-Marketing gegenüber allen anderen klassischen Werbeformen. Allerdings fungiert der Influencer, dessen Werbung Internetnutzer sehen, nicht immer als Vorbild der jeweiligen Person. Neue Empfehlenfunktionen auf Instagram beispielsweise sorgen dafür, dass auch Nichtabonnenten und damit Nichtfans mit Influencern konfrontiert werden. Die negativen Ergebnisse der Studie können nicht pauschal auf die Wirkung von Influencer-Marketing im Allgemeinen übertragen werden, zumal nur eine bestimmte Art und Zielgruppe betrachtet wurde. Dennoch war der Aufbau des Experimentes sehr realitätsnah und Instagram eine der zentralen Plattformen für Influencer-Marketing. Dass die negative Wirkung von Influencer-Marketing sogar in so kleinem Rahmen gemessen werden konnte, zeigt, wie groß das Risiko negativer Wirkungseffekte ist. Influencer-Marketing sollte von Unternehmen daher nicht schöngeredet und nur seine Vorteile beachtet werden. Die Wirkung kann in der Realität anders aussehen als eigentlich gewünscht.

Literatur

Appinio Research (2017). *Auf Instagram kommt Werbung am besten an: Studie zur Nutzung von Social Media.* https://www.appinio.com/de/blog/studie-zu-social-media-nutzung-und-werbewirkung-nach-altersgruppen (Zugriff 23.12.2017).

Backhaus, K., Erichson, B., Plinke, W. & Weiber, R. (2016). *Multivariate Analy- semethoden. Eine anwendungsorientierte Einführung.* Berlin, Heidelberg: Springer Gabler, 14. überarb. aktualisierte Aufl.

barbarasofie_ (2017). https://www.instagram.com/barbarasofie_/ (Zugriff 08.01.2018).

Baumgarth, C. (2014). *Markenpolitik. Markentheorien, Markenwirkung, Markenführung, Markencontrolling, Markenkontexte.* Wiesbaden: Springer Gabler, 4. überarb. erw. Aufl.

Beiersdorf AG (2017). www.nivea.de/neu-von-nivea/urban-skin (Zugriff 14.01.2018).

Brehm, J. W. (1966). *A theory of psychological reactance.* New York: Academic Press.

Brehm, S. S. & Brehm, J. W. (1981). *Psychological reactance: A theory of freedom and control*. New York: Academic Press.

Buchenau, P. & Fürtbauer, D. (2015). *Chefsache Social Media Marketing. Wie erfolgreich Unternehmen schon heute den Markt der Zukunft bestimmen*. Wiesbaden: Springer Gabler.

Casey, S. (2017). *2016 Nielsen Social Media Report. Social Studies: A Look at the Social Landscape*. www.nielsen.com/us/en/insights/reports/2017/2016-nielsen-social-media-report.html (Zugriff 12.02.2018).

Ceyp, M. & Scupin, J-P. (2013). *Erfolgreiches Social Media Marketing. Konzept, Maßnahmen und Praxisbeispiele*. Wiesbaden: Springer Gabler.

Dietz, B., Senne, J. & Fuhrmann, F. (2012). Causerelated Marketing – Mit Testimonials zum Erfolg. *Marketing Review St. Gallen*, Vol. 29(No. 5):54–59.

dominokati (2017). www.instagram.com/dominokati/ (Zugriff 08.01.2018).

Drummey, C. (2017). *Influencer and Marketing Campaigns on Social Media: Which Platforms to Use and When*. https://www.marketingprofs.com/articles/2017/31671/influencer-and-marketing-campaigns-on-social-media-which-platforms-to-use-and-when?adref=nlt022717 (Zugriff 22.11.2017).

Edwards, S. M., Li, H. & Lee, J-H. (2002). Forced Exposure and Psychological Reactance: Antecedents and Consequences of the Perceived Intrusiveness of Pop-Up Ads. *Journal of Advertising*, Vol. 31(No. 3):83–95.

Esch, F-R. (Hrsg.) (2005). *Moderne Markenführung. Grundlagen – Innovative Ansätze – Praktische Umsetzungen*. Wiesbaden: Springer Gabler, 4. vollst. überarb. erw. Aufl.

Faktenkontor (2017). *Social Media: Die Influence der Influencer*. https://www.faktenkontor.de/pressemeldungen/social-media-die-influence-der-influencer/ (Zugriff 21.12.2017).

Futurebiz (2017). *Influencer Marketing Leitfaden*. www.futurebiz.de/leitfaden-influencer-marketing/ (Zugriff 22.11.2017).

G+J e|MS (2017). *Neue Studie von G+J e|MS zeigt erstmals konkrete Wirkungseffekte von Influencer-Kampagnen und gibt Aufschluss über Dos and Don'ts beim Influencer Marketing*. http://www.gujmedia.de/uploads/media/PM_GuJ_eMS_studie_influencer_2017-08-24_update.pdf (Zugriff 21.12.2017).

Gabriel, R. & Röhrs, H-P. (2017). *Social Media. Potenziale, Trends, Chancen und Risiken*. Berlin: Springer Gabler.

Geissler, S. (2017). *Influencer Marketing: Die Suche nach dem Deckel zum Topf*. www.absatzwirtschaft.de/influencer-marketing-die-suche-nach-dem-deckel-zum-topf-113823/ (Zugriff 20.11.2017).

Gondorf, L. (2015). *Auf Vertrauensbasis: Ist Influencer Marketing der neue König des Contents?* www.absatzwirtschaft.de/ist-influencer-marketing-der-neue-koenig-des-contents-60967/ (Zugriff 20.11.2017).

Herzberg, P. Y. (2002). Zur psychometrischen Optimierung einer Reaktanzskala mittels klassischer und IRT-basierter Analysemethoden. *Diagnostica*, Vol. 48(No. 4):163–171.

Hilker, C. (2012). *Erfolgreiche Social-Media-Strategien für die Zukunft. Mehr Profit durch Facebook, Twitter, Xing und Co*. Wien: Linde international.

Holland, H. & Scharnbacher, K. (2004). *Grundlagen statistischer Wahrscheinlichkeiten. Kombinationen, Wahrscheinlichkeiten, Binomial- und Normalverteilung, Konfidenzintervalle, Hypothesentest*. Wiesbaden: Springer Gabler.

Hollister, Co. (2018). www.hollisterco.com/shop/eu-de (Zugriff 14.01.2018).

Homburg, C. (2016). *Marketingmanagement. Strategie – Instrumente Umsetzung – Unternehmensführung*. Wiesbaden: Springer Gabler, 6. überarb. erw. Aufl.

Instagram (n. d.). www.instagram.com/about/us/ (Zugriff 09.12.2017).

ischtarisik (2017). www.instagram.com/ischtarisik/ (Zugriff 08.01.2018).

Jerslev, A. (2016). In the Time of the Microcelebrity: Celebrification and the YouTuber Zoella. *International Journal of Communication*, Vol. 10:5233–5251.

Kroeber-Riel, W. & Gröppel-Klein, A. (2013). *Konsumentenverhalten*. München: Verlag Franz Vahlen, 10., überarb. aktualisierte erg. Aufl.

Leclerc, F., Schmitt, B. H. & Dubé, L. (1994). Foreign Branding and Its Effects on Product Perceptions and Attitudes. *Journal of Marketing Research*, Vol. 31(No. 2):263–270.

Pein, V. (2014). *Der Social Media Manager – Handbuch für Ausbildung und Beruf*. Bonn: Galileo Press, 1. Aufl.

Raab, G., Unger, A. & Unger, F. (2010). *Marktpsychologie. Grundlagen und Anwendungen*. Wiesbaden: Springer Gabler, 3., überarb. Aufl.

RStV. Staatsvertrag für Rundfunk und Telemedien v. 31.8.1991, zuletzt geändert durch den Zwanzigsten Rundfunkänderungsvertrag v. 01.09.2017.

Trommsdorff, V. (1975). *Die Messung von Produktimages für das Marketing: Grundlagen und Operationalisierung*. Köln: Heymanns.

Weiner, J. & Brehm, J. W. (1966). Buying behavior as a function of verbal and monetary inducements. In: Brehm, J. W. (Hrsg.), *A theory of psychological reactance*, S. 82–90. New York: Academic Press.

Wilcox, R. R. (2012). *Introduction to robust estimation and hypothesis testing*. New York: Academic Press, 3. Aufl.

Zuckerberg, M. (2017). *Community Update*. 26.07.2017. www.facebook.com/zuck (Zugriff 05.12.2017).

Johanna Heigl

Mitarbeiterführung
im Rahmen der Digitalisierung

Führung aus Sicht der Mitarbeiter

1 Problemstellung und Zielsetzung

Aus definitorischer Sicht handelt es sich bei der Digitalisierung um den Prozess des Übergangs von analogen in digitale Praktiken, eine Entwicklung, die sich als unaufhaltsame, irreversible, schnelle und allgegenwärtige Entwicklung erweist (Schreckling & Steiger, 2017). Dadurch befindet sich im aktuellen Stadium der Digitalisierung die externe Umwelt für Unternehmen auf technologischer, ökonomischer sowie gesellschaftlicher Ebene in einem Umbruch. Während in technologischer Hinsicht die Automatisierung von Produktionsprozessen zu veränderten Anforderungen an Unternehmen führt, erfordern aus ökonomischer Sicht die geringen Markteintrittsbarrieren für digitale Geschäftsmodelle und auf gesellschaftlicher Ebene die zunehmende Erwartung an flexible Arbeitsmodelle organisationale Anpassungen (Loebbecke & Picot, 2015). Murray (2015, S. 6) beschreibt die Konsequenzen für Unternehmen wie folgt: „Together these innovations are hurtling us toward a new industrial revolution. Savvy corporate leaders know they have to either figure out how these technologies will transform their businesses or face disruption by others who figure it out first."

https://doi.org/10.1515/9783110712056-006

Die komplexen Herausforderungen der Digitalisierung beschränken sich jedoch nicht auf die Veränderungen der Geschäftsmodelle, Wertschöpfungsprozesse und Wettbewerbsstrukturen, sondern betreffen auch Führung an sich. Diese Annahme bekräftigten im Rahmen des *Digital Work Design Forschungsprojekts* der TU München über 50 % der befragten Digitalisierungsexperten mit der Aussage, dass sich Führung im Kontext der Digitalisierung sehr stark oder stark verändern wird (Schwarzmüller et al., 2016). Der deutsche Führungsexperte Sprenger unterstreicht in diesem Zusammenhang die Herausforderung, dass die aktuelle Generation der Führungskräfte im analogen Zeitalter groß geworden ist und damit weder anthropologisch noch erfahrungskulturell auf den digitalen Wandel vorbereitet ist (Sprenger, 2017). Dementsprechend postulieren u. a. Schwarzmüller et al. (2018), dass zur erfolgreichen Unternehmensausrichtung an die neuen externen Bedingungen ein verändertes Führungsverständnis unabdingbar ist.

Das zentrale Ziel der folgenden Studie ist es, die veränderten Anforderungen an Führung im Rahmen der Digitalisierung zu identifizieren. Dies soll unter Einbezug von Führungskräften und Geführten erfolgen, um eine holistische Betrachtung des Untersuchungsgegenstands zu ermöglichen. Hintergrund der Themenwahl ist zum einen die hohe Praxisrelevanz für Unternehmen, die sich aktuell im digitalen Transformationsprozess befinden und mit der Problemstellung hinsichtlich einer Anpassung des vorherrschenden Führungsverständnisses an neue Umfeldgegebenheiten konfrontiert sind. Zum anderen dient die bestehende Forschungslücke zu den noch nicht empirisch erforschten, veränderten Anforderungen an Führung im Rahmen der Digitalisierung als Motivation für das Aufgreifen der Thematik. Darüber hinaus wird im Rahmen der Auseinandersetzung mit der Forschungsliteratur zur Mitarbeiterperspektive ersichtlich, dass hier sowohl theoretisch-konzeptionelle als auch empirische Zugänge im Vergleich zur Managementsichtweise in wesentlich geringerem Umfang vorhanden sind. Dies hat auch eine große Bedeutung für die Attraktivität des Unternehmens als Arbeitgeber, also den Employer Brand, sowohl für potenzielle als auch aktuelle Mitarbeiter.

Nachdem der vorliegende Untersuchungsgegenstand bis dato wenige Forschungserkenntnisse bietet, jedoch als komplexes Phänomen ein fundiertes und umfassendes Wissen erfordert, wird ein qualitatives Forschungsdesign zur Durchführung der empirischen Untersuchung verwendet (Brosis & Koschel, 2001). Die Datenerhebung erfolgt mittels problemzentrierter Interviews. In diesem Kontext werden sowohl Führungskräfte als auch Mitarbeiter aus Großunternehmen sowie Experten im Bereich Führung befragt.

2 Thematischer Hintergrund

2.1 Theoretisch-konzeptionelles Verständnis von Führung

Führung ist ungeachtet der langen Historie mit zahlreichen wissenschaftlichen Publikationen ein noch immer vielversprechendes Forschungsgebiet, da weder im organisationalen noch im alltäglichen Kontext ein Bedeutungsverlust stattgefunden hat. Nach wie vor wird Führung als elementar erachtet, um einen angestrebten, wünschenswerten Zustand zu realisieren. Diesen Zweck (von Führung) unterstreichen sowohl die Definition von Stogdill (1950, S. 3): „Leadership may be considered as the process (act) of influencing the activities of an organized group in its efforts toward goal setting and goal achievement", als auch die von Staehle (1999, S. 328): „Führung ist die Beeinflussung der Einstellungen und des Verhaltens von Einzelpersonen sowie der Interaktionen in und zwischen Gruppen, mit dem Zweck, bestimmte Ziele zu erreichen". Weinert (1989, S. 555) ergänzt zudem in seiner Definition Kommunikation als Mittel zur Zielerreichung: „Führung zielt darauf ab, durch Kommunikationsprozesse Ziele zu erreichen." Nachfolgend sind die zentralen Bestandteile der Begriffsbestimmungen von Führung zusammengefasst:
- die Einflussnahme durch die Führungskraft oder durch Gruppen auf Einzelne sowie auf Gruppen,
- der Prozess der Einstellungs-, Interaktions- und Verhaltensänderung
- und die übergeordnete Definition und Erreichung von Zielen (mittels Kommunikation).

Zur Identifikation der Theorien mit der derzeit größten Relevanz für Forschung und Praxis tragen die Publikationsanalysen von Dinh et al. (2014) und Zhu et al. (2019) bei. Beide Forscherteams haben im Laufe der letzten drei Jahrzehnte übereinstimmend Transformational Leadership als wichtigsten Forschungsstrang der Führungstheorien ermittelt. In Hinblick auf das Forschungsinteresse zur Austauschbeziehung zwischen Führungskraft und Geführten wird in beiden Untersuchungen die Leader-Member-Exchange Theory ebenso als bedeutsam bewertet, jedoch untermauert eine geringere Anzahl an wissenschaftlichen Veröffentlichungen diese Theorie (Dinh et al., 2014; Zhu et al., 2019). Gemessen an der Anzahl neuer Publikationen, wird der Trait Theory sowie Shared Leadership in den vergangenen Jahren weniger Aufmerksamkeit zuteil. Diese sind jedoch für die vorliegende Untersuchung aufgrund des Themenbezugs zu Anforderungen an Führung sowie bedingt durch die zunehmende virtuelle Teamarbeit im Rahmen der Digitalisierung von großer Bedeutung. Zudem soll die Geführtenperspektive auf Führung in Ergänzung zu den genannten Führungstheorien nachfolgend fundiert werden.

Den transformationalen Stil zeichnet ein Führungsverhalten aus, dass im Kontext einer klassischen Austauschbeziehung die geführten Mitarbeiter zu einer außerordentlichen, die Erwartungen übertreffenden Performance inspiriert werden und aus Überzeugung heraus im Sinne der Organisation handeln (Avolio et al., 2009). Weitere Merkmale von Transformational Leadership sind intellektuelle Stimulation sowie Inspiration der Mitarbeiter hinsichtlich geteilter Visionen und Ziele der Organisation, charismatisches Auftreten und Motivation der Mitarbeiter zur Weiterentwicklung ihrer Fähigkeiten. Ebenso zeichnet einen transformational führenden Manager die individuelle Berücksichtigung der Bedürfnisse und Kompetenzen der jeweiligen Teammitglieder in der Rolle des Unterstützers, Mentors oder Coachs aus (Bass & Bass, 2008).

Demgegenüber ist die zentrale Prämisse der Leader-Member-Exchange Theory die Ausprägung unterschiedlich intensiver Beziehungen zwischen der Führungskraft und ihren Teammitgliedern, die aufgrund der beschränkten Zeit, Energie und Ressourcen der Führungsperson nur mit manchen Geführten von hoher Qualität sind. Die charakteristischen Austauschbeziehungen können anhand physischer oder mentaler Anstrengung, materieller Ressourcen, Informationen und emotionaler Unterstützung definiert werden. Dabei wird je nach Intensität der Beziehung zwischen der Zugehörigkeit der Mitarbeiter zur Out- oder In-Group unterschieden. Schwache Verbindungen sind durch einen Austausch, der nur im Rahmen des Beschäftigtenverhältnisses stattfindet, gekennzeichnet. Diese Teammitglieder zählen zur Out-Group. In Kontrast dazu steht die hoch intensive In-Group-Beziehung, die den Transfer von materiellen und nichtmateriellen Gütern umfasst und über das formale Arbeitsverhältnis hinausgeht (Liden et al., 1997).

Kommen wir nachfolgend zur Trait Theory. Kern dieser Führungstheorie ist die Annahme, dass bestimmte Eigenschaften Führungskräfte von anderen Individuen unterscheiden (Colbert et al., 2012). Eine geeignete Definition zur Konkretisierung der zu betrachtenden Eigenschaften liefert Zaccaro (2007, S. 7): „Leader traits can be defined as relatively coherent and integrated patterns of personal characteristics, reflecting a range of individual differences, that foster consistent Leadership Effectiveness across a variety of group and organizational situations". In diesem Kontext ist es unerheblich, ob die Führungseigenschaften vererbt oder angeeignet sind: Physische Eigenschaften, wie die Körpergröße oder das Gewicht, sind maßgeblich genetisch bedingt, während andere Eigenschaften von Erfahrung und Lernfortschritt abhängen (Kirkpatrick & Locke, 1991).

Darüber hinaus soll das Konzept des Shared-Leadership-Ansatzes erläutert werden, das Pearce & Conger (2003, S. 1) wie folgt beschreiben:

> [...] dynamic, interactive influence process among individuals in groups for which the objective is to lead one another to the achievement of group or organizational goals or both. This influence process often involves peer, or lateral, influence and at other times involves upward or downward hierarchical influence.

Daraus leitet sich als wichtiges Merkmal dieses Ansatzes die fehlende Verortung der Führungsrolle als Supervisor bei einem bestimmten Individuum ab. Weiterhin kann als zentraler Aspekt von Shared Leadership die Verteilung der Führungsaktivitäten innerhalb des Teams bzw. der Gruppe festgehalten werden. Zudem kann Shared Leadership auch als Ergebnis auf Teamebene gewertet werden, das durch den gleichzeitigen und gegenseitigen Prozess der Einflussnahme von offiziellen und inoffiziellen Führungspersonen entsteht (Avolio et al., 2009).

In Ergänzung zu den vorgestellten Theorien erfolgt nun ein Einblick in die Geführtenperspektive auf Führung. Die wichtige Komponente der Geführten im Prozess der Mitarbeiterführung unterstreichen Uhl-Bien et al. (2014, S. 83) wie folgt: „[...] leadership can only occur if there is followership – without followers and following behaviors there is no leadership. This means that following behaviors are a crucial component of the leadership process." Die Sichtweise Geführter auf Führung ist jedoch weit weniger wissenschaftlich erforscht als die Managementperspektive (Baker, 2007). Peel & Boxall (2005) beschreiben als daraus resultierende Konsequenz das fehlende Verständnis für die Anforderungen und Bedürfnisse der Mitarbeiter in der Austauschbeziehung. Einen wichtigen Grundstein für das Zugeständnis einer aktiven Rolle des Geführten legten Hollander & Webb (1969) mit ihren in den Jahren 1955 und 1969 veröffentlichten Studien, die Führung als Beziehung mit der gegenseitigen Ausübung von Einfluss darstellten und ihr eine implizite Austauschbeziehung zuschrieben. Damit entwickelte sich die Bedeutung der Geführten als aktive Teilnehmer im Führungsprozess weiter und wurde theoretisch auf Basis der Social Exchange Theories, etwa der Leader-Member-Exchange Theory oder der Implicit Followership Theory fundiert (Junker et al., 2016).

2.2 Führung im Kontext der Digitalisierung

Ciesielski & Schutz (2016) beschreiben die Führungswelt im digitalen Wandel mit dem Akronym VUCA, welches für die Adjektive volatil (Volatility), unsicher (Uncertainty), komplex (Complex) und mehrdeutig (Ambiguous) steht. Daraus ergibt sich die Bedeutung des Forschungsstrangs von Führung im Rahmen der Digitalisierung, da sich aus der Art und Weise des Wandels Ableitungen für eine angepasste Form von Führung ergeben.

2.2.1 Führung im Wandel

Zunächst soll ein Modell vorgestellt werden, das eine Erklärung liefert, warum sich im Rahmen der Digitalisierung die Anforderungen an Führung verändern. Eingangs werden dazu die wichtigsten Erkenntnisse des sogenannten Leadership-Context-Modells nach Veldsman & Johnson (2016) zusammengefasst. Wie in Abbildung 1 ersichtlich, sind unterschiedliche Kontexte für veränderte Herausforderungen und Anforderungen an Führungskräfte verantwortlich.

```
┌─────────────────────────────┐          ┌─────────────────────────────┐
│ Externer Makro-Kontext      │          │ Externer Mikro-Kontext      │
│ Weltweite Entwicklungen     │◄────────►│ Unsere Branche              │
│ • Trends                    │          │ • Trends                    │
│ • Erfolgsfaktoren           │          │ • Wettbewerbsfaktoren       │
│ • Szenarien                 │          │                             │
└─────────────────────────────┘          └─────────────────────────────┘

        ┌──────────────────────────────────────────────────┐
        │        Führungsherausforderungen                 │
        │   ┌──────────────────────────────────────────┐   │
        │   │     Anforderungen an Führung             │   │
        │   │  ┌────────────────────────────────────┐  │   │
        │   │  │  Angepasste Form von               │  │   │
        │   │  │  Führung                           │  │   │
        │   │  └────────────────────────────────────┘  │   │
        │   └──────────────────────────────────────────┘   │
        └──────────────────────────────────────────────────┘

┌─────────────────────────────┐          ┌─────────────────────────────┐
│ Interner Makro-Kontext      │          │ Interner Mikro-Kontext      │
│ Unsere Organisation         │          │ Meine Rolle                 │
│ • Unternehmensidentität     │◄────────►│ • Organisationale Ebene     │
│ • Ausrichtung               │          │ • Schlüsselkompetenzen      │
│ • Ideologie                 │          │ • Fähigkeiten               │
│ • Geschäftsmodell           │          │ • Karriereoptionen          │
└─────────────────────────────┘          └─────────────────────────────┘
```

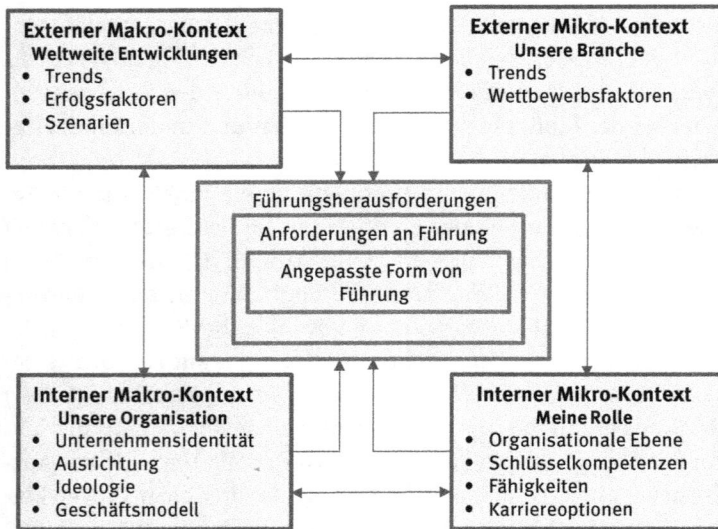

Abb. 1: The Leadership Context Model
(Quelle: Eigene Darstellung in Anlehnung an Veldsman & Johnson 2016, S. 17)

Die Kontextdimensionen von Unternehmen beziehen sich auf die externe Makro-
und Mikroumwelt sowie die internen Makro- und Mikrogegebenheiten, welche alle-
samt die Anforderungen an Führung beeinflussen. Aufgrund dessen ist nach Veldsman & Johnson (2016) eine Anpassung der Fähigkeiten der Führungskräfte an diese
neuen Anforderungen im jeweiligen Kontext erstrebenswert. Je größer der Grad der
Passgenauigkeit ist, desto höher ist die Wahrscheinlichkeit eines Führungserfolgs.

2.2.2 Technologieeinsatz in der Mitarbeiterführung

Im Kontext der Digitalisierung ist die Führung von virtuellen Teams ein zunehmend
relevantes Forschungsgebiet. Hertel et al. (2005, S. 69) definieren diese Form der
Teamorganisation wie folgt: „[...] distributed work teams whose members predo-
minantly communicate and coordinate their work via electronic media (e-mail, te-
lephone, video-conference, etc.)". Vor dem Hintergrund virtueller Teams bedarf es
nicht nur innovativer Technologien, sondern auch einer positiven Einstellung seitens
der Führungskräfte und der Mitarbeiter. Die auf die Anwenderakzeptanz wirkenden
Faktoren sollen mittels des *Technologieakzeptanzmodells* nach Pérez et al. (2004) erläutert werden. Zunächst kann in Hinblick auf das ursprüngliche Modell nach Davis
(1989) resümiert werden, dass die Nutzungsbereitschaft eines neuen Systems positiv
gesteigert wird, je größer der Nutzen der Technologie und je einfacher deren Bedien-

barkeit ist (Jockisch, 2010). Für die Betrachtung des Anwendungsfalls in virtuellen Teams ergänzten Pérez et al. (2004) das Modell um eine weitere Ebene mit Faktoren aus den Bereichen Wissen und Technologie, Human Resources sowie Organisation, die sich positiv oder negativ auf den wahrgenommenen Nutzen und die wahrgenommene einfache Bedienbarkeit aus Perspektive von Führungskräften und Geführten auswirken. Daraus folgt, dass Führungskräfte für die Entwicklung von klassischer zu virtueller Arbeit im ersten Schritt die Bedingungen der Ausgangssituation auch aus der Perspektive ihrer Mitarbeiter erfassen sollten, um den wahrgenommenen Nutzen sowie die wahrgenommene einfache Bedienbarkeit sicherzustellen.

Auch wenn der Einsatz neuer Technologien im Arbeitsleben positive Auswirkungen – wie reduzierte Reisezeiten und -kosten, ubiquitäre Arbeitsverrichtung unabhängig von Räumlichkeiten sowie eine schnelle und unkomplizierte Kommunikation zwischen räumlich getrennten Teams – ermöglicht, treten demgegenüber auch negative Folgen auf. Oftmals führen parallel eingesetzte Technologien zu zunehmender Komplexität, großen Datenmengen sowie steigender Transparenz bei der Überwachung der persönlichen Arbeitsleistung. Mit dieser als Technostress bezeichneten Konsequenz haben sich unter anderem Suh & Lee (2017) auseinandergesetzt. Die Autoren konnten mittels eines empirisch getesteten Modells feststellen, dass ständige IT-Präsenz und die Geschwindigkeit der IT-Veränderungen zusammen mit der Jobautonomie und der Wechselbeziehung von Aufgaben die Technostress-Belastungsursachen erklären. Als solche konnten dabei Arbeitsüberlastung, Verletzung der Privatsphäre sowie eine notwendige Ambiguitätstoleranz identifiziert werden. Weiterhin konnte in der Studie nachgewiesen werden, dass diese technologieinduzierten Belastungsquellen zur Reduktion der Jobzufriedenheit der Mitarbeiter führen (Suh & Lee, 2017). Vor diesem Hintergrund sollten Führungskräfte Maßnahmen zur Technostress-Regulierung ergreifen, um den drohenden Produktivitätsverlust, der sich aus der sinkenden Mitarbeiterzufriedenheit ergibt, zu regulieren.

2.2.3 Führungsanforderungen im digitalen Wandel

Zunächst soll der in der Organisations- und Arbeitspsychologie etablierte Begriff der Anforderungen an Führung im Sinne von Kompetenzen definiert werden:

> A competency is defined as a capability or ability. It is a set of related but different sets of behavior organized around an underlying construct, which we call the ‚intent'. The behaviors are alternate manifestations of the intent, as appropriate in various situations or times. (Boyatzis, 2007, S. 6)

Die bestehende Forschungsrelevanz von Führungskompetenzen zeigt Tabelle 1. Der Schwerpunkt liegt auf ausgewählten Führungsanforderungen im Rahmen von Digitalisierung, die in folgenden Publikationen identifiziert wurden:

Tab. 1: Identifizierte Anforderungen an Führung im Rahmen der Digitalisierung

Quelle	Identifizierte Anforderungen an Führung im Rahmen der Digitalisierung
Annunzio (2001)	– Kommunikation mit den geführten Mitarbeitern – Management über Informationsquellen – Kommunikation mit externen Stakeholdern – Delegation – Befähigung – Aktives Zuhören – Anregung von Diskussionen
Avolio & Kahai (2003)	– Balance von Tradition und Moderne – Kommunikation der Absichten – Technologienutzung zur Kommunikation und Erzeugung von Reichweite – Technologienutzung um mit Diversität der Belegschaft besser umzugehen
Cascio & Montealegre (2016)	Gliederung der Kompetenzen in drei Bereiche: – virtuelle Zusammenarbeit – virtuelle Sozialisation – virtuelle Kommunikation
Dewhurst & Willmott (2014)	Führung in Abgrenzung zu Robotern erfordert: – Aufwerfen von Fragestellungen – Konzentration auf Sonderfälle – Ambiguitätstoleranz – Ausbau von Soft Skills
Laudon (2017)	– Frustrations- und Ambiguitätstoleranz – niedriges Kontrollbedürfnis – Fokussierung – Umgang mit Komplexität – Selbststeuerung – Fehlertoleranz – Empathie – Extraversion – Vertrauenswürdigkeit – Kommunikation – Kreativität – Innovationskraft – Unternehmertum – Demut – Lernbereitschaft – Selbststeuerung – Risikobereitschaft

Tab. 1: (Fortsetzung)

Quelle	Identifizierte Anforderungen an Führung im Rahmen der Digitalisierung

Lippold (2019)	– Personale Kompetenzen
	   (z. B. Loyalität, Glaubwürdigkeit, Eigenverantwortung)
	– Aktivitäts- und Handlungskompetenzen
	   (z. B. Tatkraft, Entscheidungsfähigkeit, Initiative)
	– Fach- und Methodenkompetenzen
	   (z. B. Fachwissen, Planungsverhalten, Marktkenntnisse)
	– Sozialkommunikative Kompetenzen
	   (z. B. Kommunikations-, Integrations-, Teamfähigkeit)

von Rosenstiel et al. (2014)	Zukünftiges Anforderungsprofil an Führungskräfte: – Motivationsfähigkeit – Lernfähigkeit – Interkulturelle Managementfähigkeiten – Teamarbeit – Diversity-Management – Veränderungsmanagement – Kommunikative Kompetenz – Gesundheit und Belastbarkeit – Systemisches, ganzheitliches Denken – Klassische Anforderungen wie Intelligenz und Einsatzbereitschaft
Schütze-Kreilkamp (2017)	– Reduktion von Komplexitäten – Management von Ressourcen – Abstraktions-, Analyse- und Problemlösungskompetenzen – Fähigkeit zur Selbst- und Teamorganisation – kommunikative und soziale Kompetenzen wie Zuhören und Ausprobieren – Kultur der Neugier, Fehlertoleranz und der Nichtwertung
Schwarzmüller et al. (2016)	Zunahme an beziehungsorientierter Führung sowie zunehmende Kompetenzen in den Bereichen: – Agilität – Flexibilität – Umgang mit Veränderungen und Unsicherheit – diverse Teams – Interkulturalität – IT-Kompetenz

Quelle: Eigene Darstellung

3 Methodik

Auch wenn sich erst in den letzten Jahren ein Trend zu mehr qualitativer Forschung ableiten lässt, gehen die Wurzeln des qualitativen Denkens bereits auf Aristoteles (384–322 v. Chr.) zurück. Dieser erklärte damals die Erforschung des Menschen zur Krone der Wissenschaft. Mayring (2016, S. 9) argumentiert dazu wie folgt:

> Das rein quantitative Denken ist brüchig geworden; ein Denken, das sich den Menschen und Dingen annähert, indem es sie testet und vermisst, mit ihnen experimentiert und ihre statistische Repräsentanz überprüft, ohne vorher den Gegenstand verstanden zu haben, seine Qualität erfasst zu haben.

Vor diesem Hintergrund eignet sich der qualitative Ansatz vor allem bei empirischen Untersuchungen, deren Untersuchungsgegenstand bislang wenig erforscht ist und fundiertes Wissen erfordert (Bansal & Corley, 2012).

Eine gängige Technik zur Datenerhebung auf sprachlicher Basis ist das sogenannte problemzentrierte Interview nach Witzel (1982). Im Rahmen der vorliegenden Studie wurden im Zeitraum von April bis Juni 2019 insgesamt zwölf problemzentrierte Interviews mit Experten geführt. Jeweils fünf Interviews fanden mit Führungskräften und mit Mitarbeitern statt, um ein ausgewogenes Bild der jeweiligen Sichtweise zu erhalten. Zudem konnten zwei Führungsexperten für ein Interview gewonnen werden.

Gemäß der empfohlenen Erhebungsinstrumente wurde für die Durchführung der Interviews ein Kurzfragebogen zur Erhebung sozialstatistischer Angaben des Interviewpartners konstruiert. Die Fragen hinsichtlich der beruflichen Angaben wurden je nach Rolle des Interviewpartners variiert, sodass drei Versionen konzipiert wurden. Als Überleitung in den Interviewleitfaden und zur ersten Auseinandersetzung der Interviewpartner mit dem Untersuchungsgegenstand diente für alle drei Expertenzielgruppen eine Frage zur persönlichen Einschätzung hinsichtlich der Stärke der Veränderung von Führung in den kommenden Jahrzehnten. Das zentrale Erhebungsinstrument stellte der Gesprächsleitfaden dar, der nach Witzel (1985) in Einstieg, Hauptteil und Abschluss gegliedert ist. Der Hauptteil setzt sich aus einzelnen Themenkomplexen zusammen. In Rahmen der Sondierungsfrage wurden die Interviewteilnehmer gebeten, zunächst die Auswirkungen der Digitalisierung auf ihr Unternehmen zu beschreiben. Weiterhin wurde eine Skizzierung des Umbruchs, dem Führungskräfte in Unternehmen bedingt durch die Digitalisierung ausgesetzt sind, angefragt. Die Führungsexperten wurden direkt um die Schilderung dieser Umbrucheffekte gebeten. Im Rahmen des Hauptteils des Gesprächsleitfadens wurden sieben Fragen mit den Interviewteilnehmern besprochen, die sich in ihrer Formulierung je nach Rolle des Interviewpartners als Führungskraft, Geführter oder Führungsexperte unterschieden. Der Hauptteil lässt sich wiederum in weitere Themenkomplexe unterteilen, die der vorangegangenen Ausarbeitung des theoretischen und konzeptionellen Verständnisses von Führung entnommen wurden. Der erste Abschnitt stellt mit seinem Schwerpunkt auf den Anforderungen an Führung im Rahmen der Digitalisierung das Herzstück des Gesprächsleitfadens dar. Dazu wurde zur Erzählaufforderung zunächst die offen formulierte Frage nach den veränderten Anforderungen an Führung im Rahmen der Digitalisierung eingesetzt. Im Anschluss wurden die Interviewpartner zur Aufrechterhaltung des Erzählflusses sowie zur Anregung assoziativer Gedanken gebeten, wichtige Anforderungen im Sinne von Erfolgsfaktoren sowie besonders komplexe Anforderungen als Herausforderungen auszumachen. Die vierte Frage zu diesem Themenabschnitt bezog sich auf beständige Anforderungen an Führung, die aus Sicht der befragten Experten auch im anhaltenden Digitalisierungsprozess als persistent erachtet werden, und stellt damit eine Ergänzung des Befragungsschwerpunktes dar. Der für diese Studie besonders wichtige Aspekt des Perspektivwechsels wurde im Gesprächsleitfaden mit einem eigenen, zwei Fragen umfassenden Abschnitt berücksichtigt. Dieser zweite Themenkomplex konzentrierte sich auf die Erfassung der Mitarbeitersichtweise auf Führung. Vor diesem Hintergrund wurden gezielt die Führungskräfte und Führungsexperten um Nennung der veränderten Anforderungen an Führung im Rahmen der Digitalisierung aus der vom Mitarbeiter gedachten Perspektive gebeten. In der zweiten Frage dieses Bereichs wurden zusätzlich konkurrierende Anforderungen abgefragt. Den Abschluss des Gesprächsleitfadens bildete die Frage zur perspektivischen Veränderung von Führung. Mit dieser Frage wurden die Gesprächspartner um einen Ausblick auf die aus ihrer Sicht zu erwartenden Entwicklungen in den kommenden Jahrzehnten gebeten.

Die Dokumentation der Interviews erfolgte mittels wörtlicher Transkription gemäß der Regeln nach Kuckartz et al. (2008). Die Entscheidung zur wörtlichen Transkription fiel aufgrund der Auswahl der Software *MAXQDA*, die zur Aufbereitung und Auswertung der Daten anhand der Methode der qualitativen Inhaltsanalyse eingesetzt wurde. Entsprechend der Methode der inhaltlichen Strukturierung wurde das Kategoriensystem dabei deduktiv und konzeptgesteuert anhand der theoretisch-konzeptionellen Ausarbeitung sowie des entwickelten Gesprächsleitfadens entwickelt (Schreier, 2012). So wurden zunächst aus den drei Versionen des Interviewleitfadens neun Kategorien als Obercodes entsprechend dem Vorschlag von Rädiker & Kuckartz (2019) gebildet. Anhand dieser im Codebuch in *MAXQDA* dokumentierten Kategorien wurden schließlich die Textpassagen mit den Antworten der Interviewpartner codiert. Auf den ersten deduktiven Schritt hin wurden induktiv auf Basis der Fundstellen zu den jeweiligen Obercodes zugehörige Subcodes mittels des Smart-Coding-Tools gebildet, die in der Tabelle 2 ersichtlich sind.

Konkret wurden die neun Obercodes zu den abgebildeten Subcodes ausdifferenziert und mit insgesamt 312 Codings versehen, was einer durchschnittlichen Abdeckung der 12 Transkripte von 58 % entspricht. Somit wurde im Sinne des Kriteriums der Prozessorientierung nach Witzel (1982) eine flexible Analyse des wissenschaftlichen Interessensfeldes mit sukzessiver Gewinnung und Überprüfung des Datenmaterials vollzogen.

Tab. 2: Codesystem mit Subcodes und Kategorien

Codesystem	Codings	Transkripte
Summe	**312**	**12**
Auswirkung der Digitalisierung auf Unternehmen	17	10
Ausrichtung des Geschäftsmodells	9	8
Veränderungen der Arbeitsorganisation	4	2
Dynamik des Marktumfelds	4	3
Umbruch für Führungskräfte in Unternehmen durch Digitalisierung	17	11
Technologieeinsatz in der Mitarbeiterführung	5	4
Vielfalt an Arbeitsmodellen	2	1
Erhöhung des Stresslevels	2	2
Teamheterogenität	3	3
Transformation der Mitarbeiter	5	4
Veränderte Anforderungen an Führungskräfte	30	10
Flexibilität und Agilität	5	4
Aufbau Digitalisierungs-Know-how	7	5
Kommunikationskompetenz	5	3
Veränderte Leistungsbewertung	5	4
Hierarchieabbau	3	2
Verantwortungszuwachs für Mitarbeiter	10	6
Wichtige Anforderungen an Führungskräfte in der Digitalisierung	14	9
Erreichbarkeit seitens Führungskraft	1	1
Empowerment	7	5
Individualisierung von Führung	3	3
Inspiration zu Innovation	4	3
Überbrückung Generationen-Gap	2	2
Mitarbeiterbindung	3	2
Tool-Knowledge	1	1
Veränderungsbereitschaft	4	3
Komplexe Anforderungen an Führungskräfte in der Digitalisierung	12	9
Ausloten von Chancen und Veränderungen der Digitalisierung	3	3
Umgang mit Unsicherheit	1	1
Vertrauen	2	2
Überbrückung von Heterogenität	2	2
Selbstreflexion	4	3
Pflege der persönlichen Ebene	4	3
Kommunikation	4	2
Beständige Anforderungen an Führungskräfte in der Digitalisierung	13	9
Zwischenmenschliche Kompetenz	3	2
People Leadership	12	10
Motivation zu übergeordneter Zielerreichung	4	3

Tab. 2: (Fortsetzung)

Codesystem	Codings	Transkripte
Anforderungen von Mitarbeitern aus Sicht von Führungskräften und Führungsexperten	7	5
Definition Erreichbarkeit	2	1
Bedeutungszuwachs Arbeitsumfeld	2	2
Bereitstellung von Struktur	4	3
Konkurrierende Anforderungen durch Führungskräfte und Mitarbeiter an Führung	9	9
Mentalitätsunterschiede	6	3
Keine Konfliktpunkte	3	3
Bewertung des Mitarbeiters	2	2
Generationenwechsel	2	2
Perspektivische Veränderung von Führung	15	9
Virtualisierung	4	4
Beziehungsorientierte Führung	4	3
Marktveränderungen	5	4
Rolle der Führungskraft	8	4
Aufbau von Führungskompetenzen in Digitalisierung	3	2

Quelle: Eigene Darstellung

4 Ergebnisse der Studie

Nachfolgend werden die mittels computergestützter Datenauswertung über *MAXQDA* erzielten Ergebnisse vorgestellt. Dabei untergliedert sich das Kapitel in die Analyse des Datenmaterials, welches über den sozialstatistischen Kurzfragebogen generiert wurde, sowie in die Auswertung der Daten, die mittels des Gesprächsleitfadens gewonnen wurden.

4.1 Datenmaterial des Kurzfragebogens

Zunächst soll das Datenmaterial des Kurzfragebogens vorgestellt werden, sodass ein Überblick zur Struktur der konsultierten Experten entsteht. Die interviewten Führungskräfte und Mitarbeiter sind in den Großunternehmen Daimler, Deutsche Post DHL, Microsoft, Rational, SAP, SThree, Siemens und Sixt tätig. Das Tätigkeits- und Forschungsgebiet der beiden Führungsexperten umfasst Arbeitspsychologie und unter anderem Führung im Rahmen einer Hochschulprofessur. Weiterhin geht aus dem Datenmaterial hervor, dass acht von insgesamt zwölf Interviewpartnern dem weiblichen Geschlecht zugehörig sind. Zudem lässt sich konstatieren, dass die Altersklasse

24–34 Jahre mit sieben Experten den Schwerpunkt der abgefragten Altersspannen repräsentiert.

Darüber hinaus konnte die Information generiert werden, dass neun der Führungskräfte und geführten Mitarbeiter in einem virtuellen Team tätig sind. Ebenso von hoher Relevanz ist die Auswertung der Überleitungsfrage in den Gesprächsleitfaden bezüglich der Einschätzung der Stärke der Veränderung von Führung in den kommenden Jahrzehnten auf einer Likert-Skala mit fünf Antwortmöglichkeiten von sehr stark bis sehr schwach: Dabei entschieden sich vier der Interviewpartner für die Einschätzung „sehr stark", sieben Befragte für die Auswahloption „stark" und nur eine Person für „mittel". Diese Erkenntnis deckt sich mit den eingangs vorgestellten Ergebnissen des Digital Work Design Projekts der TU München (Schwarzmüller et al., 2016).

4.2 Datenmaterial des Gesprächsleitfadens

Als Kernelement des empirischen Bestandteils dieses Forschungsprojekts erfolgt eine Zusammenfassung der wichtigsten Erkenntnisse der Untersuchung mit Fokus auf der Beantwortung der anfangs eingeführten, forschungsleitenden Fragestellung und ausgewählten Zitaten aus den Interviews.

4.2.1 Datenmaterial des Einstiegs

Zunächst soll eine Betrachtung des Einstiegs in den Gesprächsleitfaden mit der Kategorie zu den Auswirkungen der Digitalisierung auf Unternehmen erfolgen. Diese wurde in die drei Subcodes der Ausrichtung des Geschäftsmodells, Veränderungen der Arbeitsorganisation und Dynamik des Marktumfelds inhaltlich ausdifferenziert. Den Aspekt der Marktdynamik gliedert eine Führungskraft in Zusammenhang mit den technologischen Entwicklungen mit Betonung von Unsicherheit und Volatilität (Bestandteile des vorgestellten Akronyms VUCA nach Ciesielski & Schutz (2016)) wie folgt auf:

> Das Eine ist die Technologie natürlich, also was, Technologie verändert, ersetzt, beschleunigt. Das Zweite ist in Bezug auf datengetriebenes Denken und Handeln. Das Dritte ist Robotics, was man meistens vergisst bei Digitalisierung, und **das Vierte ist eine eigene oder eine schnellere Industriedynamik, also dass die gesamte Industrie sich schneller umbricht, als das in der Vergangenheit der Fall war und deswegen auch mit mehr Unsicherheit ausgestattet ist.**

Die Konsequenzen, die sich aus dem beschriebenen Marktumfeld ableiten, werden mit Blick auf die sich anschließende Kategorie deutlich. Daraus kristallisierten sich die folgenden Gesichtspunkte als Subcodes heraus: Technologieeinsatz in der Mitarbeiterführung, Transformation der Mitarbeiter, Teamheterogenität, Vielfalt an Arbeitsmodellen sowie Erhöhung des Stresslevels. Die Führungsexpertin aus dem Sachgebiet der Arbeitspsychologie führt den zunehmenden Stress als drohende Folge der Digitalisierung auf den nach Suh & Lee (2017) definierten Technostress zurück:

> Was ich wahrnehme ist, **dass durch die Digitalisierung sowohl bei den Führungskräften als auch bei den Mitarbeitern ein neuer Druck, ein neues Stresslevel entsteht.** Aspekte wie Informationsflut, ständige Erreichbarkeit, weite Ausweitung der Informationskanäle, die alle zu bedienen sind. Durchaus auch das Thema Beschleunigung, Antwortsequenzen, Anforderungen und Erwartungen an Antworten sind ganz anders geworden.

Die Annahme, dass durch die Digitalisierung multiple Auswirkungen auf Unternehmen und dadurch ein weitreichender Umbruch für Führungskräfte entsteht, wird durch die hier erhobenen Interviewdaten unterstrichen.

4.2.2 Datenmaterial des Hauptteils

Im Anschluss soll das Datenmaterial des Hauptteils des Interviewleitfadens vorgestellt werden. In Abbildung 2 werden zur Beantwortung der Forschungsfrage die Subcodes der Kategorien veränderter Führungsanforderungen in sechs Dimensionen zusammengefasst:

Veränderte Anforderungen an Führung im Rahmen der Digitalisierung	Inhaltliche Konkretisierung anhand der Beschreibung der *Subcodes*
Zunehmende Beziehungsförderung	• Individuelle Betrachtung der Kompetenzen und Bedürfnisse der Mitarbeiter • Menschliche Führung als Gegenpol zur Technologisierung
Zunehmende Technologisierung	• Aufbau von Digitalisierungs-*Know-How* und Grundinteresse an datengetriebenem Denken und Handeln • Eruierung der Chancen und Risiken der Digitalisierung auf das Geschäftsmodell • Aufbau von Kommunikationskompetenz in Hinblick auf virtuelle Führung • Führungskraft als Vorbild bzgl. Digitalisierungs-Wissen trotz Altersdiskrepanz zum Team
Abbau der Positionsmacht	• Notwendigkeit des Verantwortungszuwachs für Mitarbeiter • Abbau der Hierarchien • Notwendigkeit des Vertrauenszuwachs in die Mitarbeiter
Veränderte Personalentwicklung	• Befähigung der Mitarbeiter mittels Weiterbildungsmöglichkeiten • Visionäre Inspiration der Mitarbeiter im Rahmen des Transformationsprozesses
Veränderte Leistungsbeurteilung	• Definition neuer Leistungskriterien (z.B. interkulturelle Kompetenzen oder Digitalisierungs-*Know-How* vs. rein fachbezogene Kenntnisse) • Erzeugung von Transparenz zur Mitarbeiterleistung bei teamübergreifender Projektarbeit
Veränderte Mentalität	• Flexibilität und Agilität • Veränderungsbereitschaft • Ambiguitätstoleranz • Bereitschaft zur Selbstreflexion

Abb. 2: Veränderte Anforderungen an Führung im Rahmen der Digitalisierung (Quelle: Eigene Darstellung)

Die erste Dimension ist die Anforderung der zunehmenden Beziehungsorientierung hinsichtlich der individuellen Betrachtung der Mitarbeiter und einer menschlicheren Führung als Gegenpol zur zunehmend technologisch geprägten, digitalen Welt. Ein prägnantes Zitat dazu liefert eine der interviewten Führungsexpertinnen:

> **Wir brauchen eigentlich da eine sehr viel menschlichere Führung, um die Stärken, die der Mensch, gerade im Gegenzug zur hochtechnisierten Welt hat, noch viel besser einbringen und auch nutzen zu können.**

Aus diesem Gesprächsabschnitt lassen sich wünschenswerte Elemente der Leader-Member-Exchange Theory ableiten, bei der die intensive In-Group-Beziehung zwischen Führungskraft und Mitarbeiter über das formale Beschäftigtenverhältnis hinausgeht (Liden et al., 1997).

Demgegenüber ergibt sich die zweite ermittelte Anforderung der zunehmenden Technologisierung, die den Aufbau von Digitalisierungs-Know-how, auch mit Wissensvorsprung gegenüber jüngeren Teammitgliedern umfasst, wie eine geführte Mitarbeiterin aus der Altersklasse von 24–34 Jahren erläutert:

> **Hier kann noch mehr Transparenz hergestellt werden, was für digitale Angebote es denn gibt. Ich war in einem Digital Transformation Squad. [...] Unser Anliegen war primär: Wir haben ein tolles digitales Angebot. Aber wie schaffen wir es, das für Mitarbeiter nutzbar zu machen, weil von Führungskräften aus passiert hier nichts.**

In diesem Zusammenhang verstehen sich auch die Postulate des *Technologieakzeptanzmodells* nach Pérez et al. (2004), die besagen, dass nicht nur die Innovation neuer Technologien maßgeblich ist in Unternehmen, sondern auch die Einstellung und Zustimmung durch die Führungskräfte gegenüber deren Adaption. Weiterhin beinhaltet diese Anforderung eine hohe Kommunikationskompetenz bedingt durch die technologiebasierte, virtuelle Mitarbeiterführung sowie die Eruierung von digitalisierungsbedingten Chancen und Risiken für das Geschäftsmodell.

Die dritte Kategorie an Anforderungen ist die sukzessive Auflösung der Positionsmacht, die gleichzeitig mit einem Verantwortungs- und Vertrauenszuwachs für die Geführten und abnehmenden Hierarchien einhergeht. Dazu beschreibt eine Führungskraft die Entwicklungen wie folgt:

> **Bei meinem Berufseinstieg war ich in einem sehr hierarchiegetriebenen Unternehmen, wo der Nabel der Welt bei einer Person war. Inzwischen finde ich aber, ist das nicht mehr so, dass eine Führungskraft auf dem Hierarchielevel wo anders sitzt. Also, dass diese Position immer mehr im Team und weniger über dem Team steht. Dieser Dialog mit dem Team ist gerade so wichtig, um den Aufgaben der heutigen Welt und der Digitalisierung gerecht zu werden.**

An dieser Stelle ist hervorzuheben, dass diese Entwicklung auch gemäß den Studienergebnissen nach Hoch & Kozlowski (2014) für eine gute Teamleistung elementar ist, da bei zunehmender Virtualität Shared Leadership als Erfolgsfaktor gilt.

Daran schließt sich die vierte Dimension mit der Anforderung einer veränderten Personalentwicklung an, welche den Punkt der Employability der Mitarbeiter durch Weiterbildungsmaßnahmen sowie eine visionäre Inspiration zur Integration der Mitarbeiter in den digitalen Transformationsprozess betont. Eine treffende Zusammenfassung dieser Aspekte liefert die Aussage einer Führungsexpertin:

Mitarbeiter zu inspirieren und für Innovation, für Change, kreative neue Lösungen, ganz neue Ansätze, an die man bisher noch gar nicht so gedacht hatte, fit zu machen und auch mitzunehmen, ist, glaube ich, mehr erforderlich, als es bisher der Fall war.

Mit dieser Auffassung der Interviewpartner lassen sich Bestandteile von Transformational Leadership in Einklang bringen, wie die intellektuelle Stimulation sowie Inspiration der Mitarbeiter hinsichtlich geteilter Visionen und Ziele sowie die Motivation der Mitarbeiter zur Weiterentwicklung ihrer Fähigkeiten (Bass & Bass, 2008).

Als fünfte Dimension konnte die veränderte Leistungsbeurteilung mit der Definition zeitgemäßer, digitalisierungsbezogener Leistungskriterien und der Notwendigkeit von Leistungstransparenz zur fairen Bewertung von teamübergreifender Projektarbeit festgestellt werden. Eine interviewte Mitarbeiterin des Daimler-Konzerns leitet diese Anforderungen wie folgt her:

Und ich bin der Meinung, dass eine Führungskraft fördern sollte, dass dieses Know-how gezielt an andere Mitarbeiter weitergetragen wird. Aber meistens wird halt eher der Projekterfolg und die fachliche Arbeit bewertet, und nicht inwieweit sie da Kollegen weitergeholfen hat oder Know-how weitergegeben hat.

An dieser Stelle wird deutlich, wie schwer die Problematik des fehlenden Verständnisses für die Anforderungen und Bedürfnisse der Mitarbeiter in der Praxis, etwa in Hinblick auf Zusammenarbeit und Leistungsbewertung, wiegt.

Abschließend konnte die veränderte Mentalität als sechste Dimension aus den Subcodes der betrachteten Kategorien abgeleitet werden. Diese fordert von Führungskräften eine Geisteshaltung, die von Flexibilität und Agilität, Veränderungsbereitschaft, Ambiguitätstoleranz sowie der Bereitschaft zur Selbstreflexion geprägt ist. Die Notwendigkeit zu den geforderten Fähigkeiten beschreibt eine SAP-Mitarbeiterin in diesem Gesprächsabschnitt:

Ich kenne einige Führungskräfte, die genauso weitermachen können, weil sie schon perfekt aufgestellt sind für die Zukunft. Weil sie schon offen für neue Themen und bereit sind, ihre Mitarbeiter möglichst flexibel zu führen. Aber es gibt natürlich auch andere, gerade die alteingesessenen und erfahrenen Führungskräfte, die in ihren Strukturen vielleicht keinen Grund zur Veränderung sehen oder in ihrer Art zu führen. Und ich würde behaupten, dass diese sich neu aufstellen müssen, in Richtung Offenheit und Flexibilität.

In Bezug auf dieses Zitat kann das Leadership Context Model hinzugezogen werden, da hinsichtlich der sich verändernden Strukturen auch ein angepasster Leadership

Context Fit erfolgen muss, sodass nachhaltige Führungserfolge gegeben sind (Veldsman & Johnson, 2016). Zu den dargelegten Dimensionen der veränderten Anforderungen an Führung im Rahmen der Digitalisierung lässt sich zusammenfassen, dass diese entsprechend den beschriebenen, inhaltlichen Konkretisierungen Elemente von allen vorgestellten Führungstheorien und -konzepten enthalten.

Bei Betrachtung der sechsten Kategorie des Leitfadens mit der Frage nach den beständigen Anforderungen an Führung im Rahmen der Digitalisierung wird ersichtlich, dass mit den vorgestellten Dimensionen der zunehmenden Beziehungsorientierung und der veränderten Personalentwicklung Überschneidungen bestehen. Dabei handelt es sich um die Subcodes der zwischenmenschlichen Kompetenz sowie People Leadership. Letztgenannter Aspekt beschreibt eine Führungskraft von Deutsche Post DHL folgendermaßen:

> [...] **sodass du einen höheren Fokus auf das Thema People Leadership legen musst, also Attracting the Right People, Engagement, Feedback on Development.** Also, diese Themen werden definitiv wahrscheinlich sogar anspruchsvoller und wichtiger oder zumindest gleich wichtig bleiben, weil es sie vorher auch schon gab.

An dieser Stelle kann davon ausgegangen werden, dass diesen klassischen Anforderungen in einer digitalisierten Berufswelt ein wichtigerer oder gleichbleibender Stellenwert zukommt.

Weiterhin wird mit Gegenüberstellung der Auswertung des Interviewleitfadenabschnitts zur Geführtenperspektive zur siebten und achten Kategorie deutlich, dass die von Führungskräften und Führungsexperten genannten Anforderungen, die ihrer Vermutung nach aus Sicht ihrer Mitarbeiter bestehen, nicht durch andere Geführte genannt wurden und somit nicht in Abbildung 2 eingeflossen sind. Konkret wurden dabei die Subcodes der Definition der Erreichbarkeit, des Bedeutungszuwachses des Arbeitsumfelds sowie der Bereitstellung von Struktur genannt. Demgegenüber finden sich in der oben stehenden Abbildung die von den Interviewpartnern genannten Konfliktfelder mit konkurrierenden Anforderungen in den Bereichen der zunehmenden Technologisierung, veränderten Leistungsbewertung und veränderten Mentalität wieder. Im Detail sind diese auf die Subcodes der Mentalitätsunterschiede, der (Leistungs-)Bewertung der Mitarbeiter sowie den Generationswechsel zurückzuführen. Ein prägnantes Beispiel für das Konfliktfeld in Hinblick auf den Technologieeinsatz, der auf Generationsunterschiede zurückzuführen ist, bietet eine Sixt-Mitarbeiterin:

> **Es ist ja so, dass die Führungskraft in circa 80 % der Fälle älter ist als der Geführte. Und dadurch, dass wir die neue Generation, also die junge Generation sind, haben wir einerseits andere Anforderungen an die Technik, die genutzt wird, einen ganz anderen Wissensstand als unsere Führungskräfte. Wir sind wahrscheinlich viel weiter als die Führungskraft in dem Bereich.**

Den Aspekt Leistungsbeurteilung und die damit verbundene Herausforderung gibt ein Siemens-Mitarbeiter wie folgt wieder:

> **Da die Führungskraft ja nicht mehr für alle Themen den Überblick hat, ist in der Bewertung am Jahresende ein großes Konfliktpotenzial vorhanden. Denn die Führungskraft macht diese Bewertung. Auch wenn, wie in meinem Fall, man 30 % für Sonderthemen zuständig ist, kommt die Bewertung am Jahresende von der direkten Führungskraft und nicht von den Sonderprojekten.**

In diesem Konnex ist auch die nach Junker et al. (2016) beschriebene Implicit Followership Theory anzuführen, da dadurch Konfliktpotenzial aufgrund der Erwartungen der Führungskräfte hinsichtlich der Mitarbeiter für die Bewertung der Performance besteht. Dieses wird durch die zum Teil digitalisierungsbedingte, zunehmend projektübergreifende Arbeit mit unterschiedlichen Leitungsorganen weiter erschwert.

Zur Abrundung des Datenmaterials des Hauptteils lässt sich zudem ergänzen, dass insbesondere in Hinblick auf die empirisch identifizierten, veränderten Anforderungen an Führung im Rahmen der Digitalisierung (s. Abbildung 2) sowie die konkurrierenden Anforderungen von Führungskräften und Geführten Gemeinsamkeiten mit den tabellarisch vorgestellten, identifizierten Anforderungen (s. Tabelle 1) von Annunzio (2001), Laudon (2017) und Schwarzmüller et al. (2016) bestehen.

4.2.3 Datenmaterial des Abschlusses

Weiterhin lässt sich der Abschluss des Leitfadens mit der Kategorie zur perspektivischen Veränderung von Führung in folgende Subcodes auffächern: (zunehmende) Virtualisierung, (zunehmende) beziehungsorientierte Führung, Marktveränderungen, Rolle der Führungskraft sowie Aufbau von Führungskompetenzen in der Digitalisierung. Die große Herausforderung des Aufbaus entsprechender Kompetenzen für Führungskräfte in einer digitalisierten Welt skizziert ein Deutsche-Post-DHL-Manager mit nachfolgender Aussage:

> [...] Weil du ja schon in sehr langfristigen Besetzungszyklen bist, also zumindest, **wenn man so in Deutschland ist, hat man Fluktuationsraten von wahrscheinlich unter 5 % im Leadership. Und die Leute sitzen halt auch erst mal eine Generation, also sprich 30 Jahre, mit ihrem jeweils gültigen Wissen, ein Unternehmen hat aber schnellere Anpassungsnotwendigkeiten, beispielsweise bei den Themen datengetriebenes Denken und Handeln,** und wenn du aber eine Kohorte an Menschen nun mal an Bord hast, die kriegst du nicht ausgetauscht so ohne Weiteres. Und ich glaube das ist aus der Fluktuationsperspektive eine größere Herausforderung, da werden sich sozusagen die organisationalen Anforderungen und auch Industrieanforderungen wahrscheinlich schneller entwickeln als sich die Grundgesamtheit der Fähigkeiten bei deinem Führungskräftekörper entwickelt.

In diesem Zuge lässt sich abermals auf das Leadership Context Model nach Veldsman & Johnson (2016) Bezug nehmen und ein Bogen zur eingangs beschriebenen An-
passungsnotwendigkeit seitens der Führungsebene spannen.

5 Fazit

Zur Abrundung dieser Untersuchung sollen deren zentrale Aspekte und der damit verbundene Erkenntnisgewinn in Form eines Resümees herausgearbeitet werden. Des
Weiteren soll eine kritische Reflexion erfolgen und ein Ausblick auf Forschungsdesi-
derate gegeben werden.

Wie einführend beschrieben, ist die Grundannahme dieses Beitrags, dass sich –
bedingt durch die veränderten Rahmenbedingungen der Unternehmen – die Anforderungen an Führungskräfte verändern. Zu diesem Sachverhalt erfolgte zur Ermittlung
des Forschungsstands sowie zur Aufbereitung der bestehenden, publizierten Befunde
zunächst eine Aufarbeitung der Forschungsliteratur. Zur empirischen Ermittlung dieser neuen Anforderungen wurde das Forschungsprojekt mit einem qualitativen Me-
thodenansatz umgesetzt. Besonderes Augenmerk liegt dabei auf der dualen Betrachtung des Untersuchungsgegenstands durch die Zusammensetzung der interviewten
Experten unterschiedlicher Berufe und Rollen von Führungskräften und Geführten
bis hin zur Integration von Führungsspezialisten für den Erhalt einer übergeordneten Sichtweise. Im Rahmen der Experteninterviews bestätigte sich, dass die Digitalisierung multiple Auswirkungen auf Unternehmen hat und Führungskräfte dadurch
mit einem vielschichtigen Umbruch konfrontiert sind. Dieser ist maßgeblich durch
die veränderte Arbeitsorganisation bedingt und äußert sich anhand der Vielfalt unterschiedlicher Arbeitsmodelle, zunehmender Teamheterogenität, der technologieba-
sierten Mitarbeiterführung sowie eines steigenden (technologieinduzierten) Stresslevels. Weiterhin erfordert die hohe Marktdynamik Anpassungen der Geschäftsmodelle
und fordert die Führungsebene in der Integration der Mitarbeiter im Transformationsprozess. Darüber hinaus konnte die Zielsetzung der Arbeit hinsichtlich der Identifikation der veränderten Anforderungen an Führung im Kontext der digitalen Transformation erfüllt werden. In diesem Zuge wurden sechs Dimensionen zu den veränderten
Anforderungen an Führung abgeleitet.

Aufgrund der dualen Perspektive dieser Arbeit sind auch die identifizierten Spannungsfelder zwischen Führungskräften und Geführten, in deren Rahmen konkurrierende Anforderungen entstehen, hervorzuheben. Konfliktpunkte bestehen demnach
zu den Anforderungen der zunehmenden Technologisierung, der veränderten Leistungsbewertung und der veränderten Mentalität. In diesem Zusammenhang wurden
insbesondere Generationsunterschiede als Problematik hervorgehoben.

Nachdem die digitale Transformation ein andauernder Prozess ist, sind gemäß
den Erkenntnissen dieser Arbeit perspektivisch weitere Veränderungen von Führung

zu erwarten. Vor diesem Hintergrund sollte dieser Forschungsbereich, synchron zu den von den Interviewpartnern erwarteten Entwicklungen hinsichtlich der sich wandelnden Rolle der Führungskraft, der zunehmenden Virtualisierung, der weiteren Marktveränderungen, der zunehmenden Bedeutung der Beziehungsförderung und Menschlichkeit von Führung sowie der Herausforderung des Aufbaus zeitgemäßer Führungskompetenzen und Mitarbeitertalente, um weitere empirische Beiträge ergänzt werden.

Trends wie die Digitalisierung sowie der Generationswechsel haben veränderte Anforderungen und Schwerpunkte an Führungsarbeit zur Folge. Für Unternehmen wird es künftig noch wichtiger werden, eine Führungskultur als Teil ihres Employer Brand zu etablieren, die aktuelle und potenzielle Mitarbeiter unterschiedlicher Generationen gleichermaßen anspricht. Dies ist Voraussetzung für Unternehmen, um auch in Zukunft als Arbeitgeber attraktiv zu sein für die für den Erfolg notwendigen Talente.

Literatur

Annunzio, S. (2001). *eLeadership: Proven techniques for creating an environment of speed and flexibility in the digital economy*. New York: Free Press.

Avolio, B. J. & Kahai, S. (2003). Placing the "E" in e-leadership: Minor tweak or fundamental change. In: Murphy, S. E. and Riggio, R. E. (Hrsg.), *The future of leadership development*, S. 49–70. New Jersey: Lawrenve Erlbaum Associates.

Avolio, B., Walumbwa, F. & Weber, T. (2009). Leadership: Current Theories, Research, and Future Directions. *Annual Review Psychology*, Vol. 60:421–449.

Baker, S. (2007). Followership, The Theoretical Foundation of a Contemporary Construct. *Journal of Leadership & Organizational Studies*, Vol. 14(Nr. 1):50–60.

Bansal, P. & Corley, K. (2012). What's Different about Qualitative Research? *Academy of Management Journal*, Vol. 55(Nr. 3):509–513.

Bass, B. M. & Bass, R. (2008). *Handbook of Leadership: Theory, Research, and Application*. New York: Free Press.

Boyatzis, R. E. (2007). Competencies in the 21st century. *Journal of Management Development*, Vol. 27(Nr. 1):5–12.

Brosis, H.-B. & Koschel, F. (2001). *Methoden der empirischen Kommunikationsforschung. Eine Einführung*. Wiesbaden: Westdeutscher Verlag.

Cascio, W. F. & Montealegre, R. (2016). How technology is changing work and organizations. *Annual Review of Organizational Psychology and Organizational Behavior*, Vol. 3:349–375.

Ciesielski, M. A. & Schutz, T. (2016). *Digitale Führung. Wie die neuen Technologien unsere Zusammenarbeit wertvoller machen*. Wiesbaden: Springer.

Colbert, A. E., Judge, T. A., Choi, D. & Wang, G. (2012). Assessing the trait theory of leadership using self and observer ratings of personality: The mediating role of contributions to group success. *The Leadership Quarterly*, Vol. 23(Nr. 4):670–685.

Davis, F. D. (1989). Perceived Usefulness, Perceived Ease of Use, and User Acceptance of Information Technology. *MIS Quarterly*, Vol. 13(Nr. 3):319–340.

Dewhurst, M. & Willmott, P. (2014). Manager and machine: The new leadership equation. *McKinsey Quarterly*, Vol. 4(Nr. 3):76–86.

Dinh, J., Lord, R., Gardner, W., Meuser, J., Liden, R. & Hu, J. (2014). Leadership theory and research in the new millennium: Current theoretical trends and changing perspectives. *The Leadership Quarterly*, Vol. 25.:36–62.

Hertel, G., Geister, S. & Konradt, U. (2005). Managing virtual teams: A review of current empirical research. *Human Resource Management Review*, Vol. 15(Nr. 1):69–95.

Hoch, J. E. & Kozlowski, S. W. (2014). Leading Virtual Teams: Hierarchical Leader-ship, Structural Supports, and Shared Team Leadership. *Journal of Applied Psychology*, Vol. 99(Nr. 3):390–403.

Hollander, E. P. & Webb, J. (1969). Contemporary trends in the analysis of leadership processes. *Psychological Bulletin*, Vol. 71:387–397.

Jockisch, M. (2010). Das Technologieakzeptanzmodell. In: Bandow, G. & Holzmüller, H. (Hrsg.), *Das ist gar kein Modell!*, S. 233–254. Wiesbaden: Springer, 1. Aufl.

Junker, N. M., Stegmann, S., Braun, S. & Van Dick, R. (2016). The ideal and the counter-ideal follower – advancing implicit followership theories. *Leadership & Organization Development Journal*, Vol. 37(Nr. 8):1205–1222.

Kirkpatrick, S. A. & Locke, E. A. (1991). Leadership: do traits matter? *Academy of Management Executive*, Vol. 5(Nr. 2):48–60.

Kuckartz, U., Dresing, T., Rädiker, S. & Stefer, C. (2008). *Qualitative Evaluation: Der Einstieg in die Praxis*. Wiesbaden: Springer VS, 2. Aufl.

Laudon, S. (2017). Wie die Digitalisierung die Führungskompetenz komplett neu definiert. In: Jochmann, W., Böckenholt, I. & Diestel, S. (Hrsg.), *HR-Exzellenz, Innovative Ansätze in Leadership und Transformation*, S. 65–77. Wiesbaden: Springer Fachmedien.

Liden, R. C., Sparrow, R. T. & Wayne, S. (1997). Leader-member exchange theory: The past and potential for the future. *Research in Personnel and Human Resources Management*, Vol. 15:47–119.

Lippold, D. (2019). *Führungskultur im Wandel: Klassische und moderne Führungsansätze im Zeitalter der Digitalisierung*. Wiesbaden: Springer Gabler.

Loebbecke, C. & Picot, A. (2015). Reflections on societal and business model transformation arising from digitization and big data analytics: A research agenda. *Journal of Strategic Information Systems*, Vol. 24(Nr. 3):149–157.

Mayring, P. (2016). *Einführung in die Qualitative Sozialforschung*. Weinheim und Basel: Beltz, 6. Aufl.

Murray, A. (2015). The new industrial revolution. *Fortune*, Vol. 1:6.

Pearce, C. L. & Conger, J. A. (2003). *Shared Leadership: Reframing the Hows and Whys of Leadership*. Thousand Oaks: Sage.

Peel, S. & Boxall, P. (2005). When is Contracting Preferable to Employment? An Exploration of Management and Worker Perspectives. *Journal of Management Studies*, VOl. 42(Nr. 8):1676–1697.

Pérez, M. P., Sánchez, A. M., Carnicer, P. d. L. & Jiménez, M. J. V. (2004). A technology acceptance model of innovation adoption: the case of teleworking. *European Journal of Innovation Management*, Vol. 7(Nr. 4):280–291.

Rosenstiel, v. L., Regnet, E. & Domsch, M. E. (Hrsg.) (2014). *Führung von Mitarbeitern: Handbuch für erfolgreiches Personalmanagement*. Stuttgart: Schäffer Pöschel.

Rädiker, S. & Kuckartz, U. (2019). *Analyse qualitativer Daten mit MAXQDA*. Wiesbaden: Springer VS.

Schreckling, E. & Steiger, C. (2017). Digitize or Drown. In: Oswald, G. & Kleinemeier, M. (Hrsg.), *Shaping the Digital Enterprise, Trends and Use Cases in Digital Innovation and Transformation*, S. 3–27. Cham: Springer International Publishing.

Schreier, M. (2012). *Qualitative Analysis in Practice*. London: Sage.

Schwarzmüller, T., Brosi, P., Duman, D. & Welpe, I. M. (2018). How does the digital transformation affect organizations? Key themes of change in work design and leadership. *Management Revue*, Vol. 29(Nr. 2):113–137.

Schwarzmüller, T., Brosi, P. & Welpe, I. M. (2016). Die digitale Transformation erfolgreich gestalten. In: Hildebrandt, A. & Landhäußer, W. (Hrsg.), *CSR und Digitalisierung – Der digitale Wandel als Chance und Herausforderung für Wirtschaft und Gesellschaft*, S. 617–628. Berlin: Springer Gabler.

Schütze-Kreilkamp, U. (2017). Führung in digitalen Zeiten. In: Jochmann, W., Böckenholt, I. & Diestel, S. (Hrsg.), *HR-Exzellenz, Innovative Ansätze in Leadership und Transformation*, S. 18–32. Wiesbaden: Springer Fachmedien.

Suh, A. & Lee, J. (2017). Understanding teleworkers' technostress and its influence on job satisfaction. *Internet Research*, Vol. 27(Nr. 1):140–159.

Sprenger, R. (2017). Transformationale Führung – Was will sie? Wie geht sie? In: Jochmann, W., Böckenholt, I. & Diestel, S. (Hrsg.), *HR-Exzellenz, Innovative Ansätze in Leadership und Transformation*, S. 3–16. Wiesbaden: Springer Fachmedien.

Staehle, W. H. (1999). *Management*. München: Vahlen, 8. Aufl.

Stogdill, R. M. (1950). Leadership, membership and organization. *Psychological Bulletin*, Vol. 47(Nr. 1):1–14.

Uhl-Bien, M., Riggio, R. E., Lowe, K. B. & Carsten, M. K. (2014). Followership theory: a review and research agenda. *The Leadership Quarterly*, Vol. 25(Nr. 1):83–104.

Veldsman, T. & Johnson, A. J. (2016). *Leadership: Perspectives from the Front Line*. Randburg, South Africa: KR Publishing.

Weinert, A. B. (1989). Führung und soziale Steuerung. In: Roth, E. (Hrsg.), *Organisationspsychologie (Enzyklopädie der Psychologie; Bd. 3)*, S. 552–577. Göttingen: Hogrefe.

Witzel, A. (1982). *Verfahren der qualitativen Sozialforschung: Überblick und Alternativen*. Frankfurt: Campus-Verlag.

Witzel, A. (1985). Das problemzentrierte Interview. In: Jüttemann, G. (Hrsg.), *Qualitative Forschung in der Psychologie: Grundfragen, Verfahrensweisen, Anwendungsfelder*, S. 227–256. Heidelberg: Asanger.

Zaccaro, S. (2007). Trait-Based Perspectives of Leadership. *American Psychologist*, Vol. 62(Nr. 1):6–16.

Zhu, J., Song, L. J., Zhu, L. & Johnson, R. E. (2019). Visualizing the landscape and evolution of leadership research. *The Leadership Quarterly*, Vol. 30:215–232.

Zusammenfassung

Greifen wir doch noch einmal die Aussage von Florian Kohler, Inhaber der Gmunder Büttenpapierfabrik auf, der richtigerweise gesagt haben soll: „Firmengeschichte ist etwas für den Stammtisch. Zukunft wird heute gemacht." Wie sollen wir die Weichen für die Zukunft stellen? Was haben wir aus dem ,War for Talents' und der ,Coronakrise' gelernt – oder können noch daraus lernen?

Zunächst sollten wir Zeit und Geld in die Mitarbeiterbindung investieren. Um Mitarbeiter zu binden, müssen wir diese zunächst einmal verstehen. Der häufigste Fehler in der Kommunikation ist von sich selbst auszugehen. Klassiker sind Situationen in Workshops, in denen Mitarbeiter das Unternehmen als Tiere beschreiben sollen. Manager sehen das Unternehmen häufig als brüllender Löwe. Die Mitarbeiter, die montagmorgens ,brüllende Kunden' im Rahmen einer Reklamation an der Telefonzentrale entgegennehmen, sehen da eher ein verschrecktes Häschen.

Die Frage ist also: Wie tickt unser Mitarbeiter? Im Speziellen die Zielgruppe der jungen Mitarbeiter? Hier konnte die Forschung zu Kapitel 3 – *Employer Branding für die Generation Z – Die Persönlichkeitscharakteristika der Nachwuchsgeneration* – interessante Ergebnisse liefern. Einfach gesprochen, ticken die neuen Jungen nicht wesentlich anders. Wie wir aus der Forschung von *Anna Siegel* gelernt haben, sind viele Studien über die Generation Z aus einer Zeit, als diese noch sehr jung waren. Allerdings verändert die Zeit die Einstellungen junger Menschen. Das Bedürfnis in den Unternehmen, in Zukunft etwas anders zu machen, können wir also nicht den Persönlichkeitsveränderungen der Nachwuchsgeneration zuschreiben. Auf der einen Seite sind es traditionelle Werte, wie das Bedürfnis nach Sicherheit, welche die junge Generation antreiben, auf der anderen Seite aber auch ganz einfache und verständliche Wünsche, wie die zeitgemäße technische Ausstattung oder die Nutzung des privaten Smartphones.

Was als einer der wichtigsten Aspekte sowohl in der Studie von *Anna Siegel* als auch in der Forschung von *Pia Weindl* deutlich sichtbar wurde, ist die klare Trennung von Privatem und Beruflichem. Wie die Forschung von *Pia Weindl* in Kapitel 4 – *Employer Brand Scale – Die Kernanforderungen der Generation Z* – zeigt, ist dies eine der zentralen Forderungen der jungen Generation. War es in den vorangegangenen Generationen üblich, Geschäftliches mit Privatem zu vermischen, so legt die junge Generation Wert auf eine klare Trennung.

Die Studie von *Pia Weindl* zeigt jedoch noch einen weiteren wichtigen Aspekt. Der Wunsch nach Selbstverwirklichung und klaren Ziel- und Wertevorstellungen. Deshalb erwarten die jungen Mitarbeiter eine generationsspezifische und persönliche Ansprache, wie sie diese aus dem Marketing kennen. Das heutige Customer-Relationship-Management (CRM) versucht, einen möglichst gläsernen Kunden zu schaffen, um Angebote zu optimieren. Dies muss auch das Human-Ressource-Management (HRM) in Zukunft leisten. So erwarten junge Mitarbeiter eine ,kundengetreue' Ansprache.

https://doi.org/10.1515/9783110712056-007

Das Internet kann in diesem Zusammenhang, richtig eingesetzt, ein hilfreiches und schnelles Medium zum Auffinden neuer Mitarbeiter sein. Falsch eingesetzt kann es jedoch einen enormen Schaden am Image und Markenguthaben eines Unternehmens anrichten. Gerade im Bereich der Mitarbeitersuche müssen Human-Ressource-Management und Marketing in Zukunft enger zusammenarbeiten.

Hier zeigt die Studie von *Isabelle Steudel* in Kapitel 5 – *Influencer und Marken – Markeneinstellung und die Rolle der persönlichen Reaktanz –*, dass im Internet schnell Abneigungen und Aversionen gegen Marken und Unternehmen entstehen können. Die einfache Erklärung dahinter ist: Menschen lehnen Marken ab, die aufdringlich sind. Die negative Wirkung von Social-Media- und Influencer-Marketing sollte daher beachtet werden, so lehnte auch ein Großteil der von *Pia Weindl* Befragten potenzielle Mitarbeiterwerbung auf Instagram oder Facebook ab.

Natürlich gehört zu einem ganzheitlichen, interdisziplinären Ansatz des Employer Branding auch ein Blick auf die Führung im Unternehmen, denn das Verhalten der Führungskräfte spielt eine immense Rolle in der Wahrnehmung des Unternehmens als Arbeitgeber. Besonders interessant ist hierbei der Einfluss der Digitalisierung auf die Anforderungen an Führung. Die in Kapitel 6 vorgestellte Studie von *Johanna Heigl – Anforderungen an Führung im Rahmen der Digitalisierung aus Sicht von Führungskräften und Geführten –* bestätigt sechs Dimensionen der Führung in der Digitalisierung:

- technologiebasierte Mitarbeiterführung, und damit auch die Bewältigung von gestiegenen technologieinduzierten Stresslevels
- erhöhter Bedarf an Beziehungsförderung
- der Abbau von Positionsmacht
- Veränderungen in Personalentwicklung
- Veränderungen in der Leistungsbewertung
- angepasste Mentalität

Es bestätigte sich, dass die Digitalisierung zahlreiche Auswirkungen auf Unternehmen hat und Führungskräfte dadurch mit einem vielschichtigen Umbruch konfrontiert sind. Aufgrund der dualen Perspektive dieser Studie sind auch die identifizierten Spannungsfelder zwischen Führungskräften und Geführten hervorzuheben. Konfliktpunkte bestehen demnach in Bezug auf die Anforderungen der zunehmenden Technologisierung und der veränderten Leistungsbewertung sowie der veränderten Mentalität.

Diese vier von uns ausgewählten Studien geben einen Eindruck, wie Employer Branding in Zukunft aussehen kann. Die Gewinnung neuer und die Bindung bestehender Mitarbeiter muss eine gemeinsame Aufgabe von Führung, Personalwesen und Marketing sein. Nicht nur die junge Generation Z, auch alle anderen Mitarbeiter, verdienen eine zielgruppengenaue und persönliche Ansprache.

Dies gilt nicht nur aus Sicht der Personalgewinnung, sondern auch für jegliche Kommunikation. Jedem, der im Auftrag eines Unternehmens spricht, muss klar sein: Eine Marke lässt sich nicht aufspalten!

Dies ist häufig das Problem stark vertriebsorientierter Branchen, wie der Finanzdienstleistung. Gerade in Banken und Versicherungen arbeiten hoch qualifizierte und gut ausgebildete Mitarbeiter, nur leider nicht am Kunden. Im Kundenkontakt sind häufig die am schlechtesten ausgebildeten Mitarbeiter, zum Teil nur geschulte und nicht wirklich ausgebildete Vertriebsmitarbeiter, die rein über monetäre Anreize gesteuert werden. Und genau darin liegt das Problem. Unternehmen können nicht auf der einen Seite Geld, Reichtum und den Olymp des Vertriebserfolges verkaufen und auf der anderen Seite eine ganzheitliche auf den Kunden optimierte Finanzlösung. Employer Branding, Marketing und Kommunikation sind heute zu durchlässig, um mit verschiedenen Markenwerten zu arbeiten. Das Herzstück eines Unternehmens – der sogenannte ‚Markenkern' – muss für alle Beteiligten gelten: Kunde – Mitarbeiter – Geschäftspartner!

Eine aktuelle Forschung in der Versicherungswirtschaft konnte zeigen, dass das Verhalten einer Versicherung gegenüber Kunden einen großen Einfluss auf die Wahl dieses Versicherungsunternehmens als zukünftiger Arbeitgeber hat. So konnte Eckstein (2020) den eigentlich naheliegenden Beweis erbringen, dass sich potenzielle Bewerber sehr genau darüber informieren, wie mit Eltern oder Freunden in den Versicherungen umgegangen wird. Was nur zeigt, dass der gewünschte Zustand des ‚Gläsern'-Seins, zumindest aufseiten der Unternehmen, schon erreicht wurde!

Ein positives Beispiel im Umgang mit Mitarbeitern und eine schöne Geste der Wertschätzung zeigte die Knorr-Bremse im Rahmen der Übernahme des Wettbewerbers Bendix in den USA. Da der damalige und mittlerweile verstorbene Vorstand und Inhaber Heinz Hermann Thiele trotz aller Bemühungen es nicht schaffte, persönlich anwesend zu sein, beauftragte er uns als Agentur mit der Produktion eines Willkommensvideos und begrüßte seine neuen Mitarbeiter persönlich per Videobotschaft.

Ein anderes Beispiel ist die Idee meiner früheren Kundin Andrea Seitz-Maier von ‚Automaten Seitz', die nach einer grundlegenden Überarbeitung des Erscheinungsbildes ihren Mitarbeitern anbot, sich der Entwicklung und dem Ergebnis des zukünftigen Corporate-Designs im Rahmen einer Dampferfahrt entspannt zu nähern.

Der Mensch trifft täglich eine Vielzahl von Entscheidungen. Die meisten davon sind nicht sonderlich rational, im Extremfall irrational. Menschen kaufen große Geländewagen und bewegen sich damit ausschließlich in überfüllten Städten. Kunden kaufen teure Markenuhren von Rolex oder Breitling und sehen dieselbe Uhrzeit wie Menschen mit einer Swatch am Handgelenk. Firmen engagieren Manager zu Millionengagen, um Geld zu sparen. Dies sind nur einige von zahlreichen Beispielen, um die tägliche Irrationalität von Entscheidungen greifbar zu machen (Chlupsa, 2017).

Es scheint, als sei explizite Rationalität nicht die treibende Kraft von Entscheidungen. Zahlreiche Forschungen bestätigen dies und zeichnen ein völlig neues Bild der Menschheit. Erkenntnisse zeigen, dass der größte Teil unserer Wahrnehmung unbewusst ist (Gigerenzer 2007; Kahneman 2011; Chlupsa 2013; Bargh & Chatrand 1999; Bargh 2013; Snyder 2013). Wenn nun unser Unbewusstes wirklich so eine wichtige Rolle in unserer Entscheidungsfindung spielt, was ist dann mit der Idee einer bewussten und rationalen Entscheidung? Wenn mehr als 95 % unserer Entscheidungen implizit und damit unbewusst sind (Roth 2013), was bedeutet dies dann für die scheinbar so rationale Jobentscheidung oder die scheinbar rationale Auswahl von Bewerbern?

Häufig siegt auf beiden Seiten, beim Bewerber, aber auch beim Personalmanager, das Bauchgefühl. Bei Experten, also Menschen, die lange in ihrer Funktion und ihrer Branche sind, ist das auch gut so! Denn Zahlen, Daten, Fakten und Lebensläufe sind die eine Seite der Medaille, das gute Gefühl, dass es passt, die andere Seite. Mitarbeiter wollen Sicherheit sowie ein angenehmes und mobbingfreies Umfeld und sich nicht bei jeder Krise vor dem Verlust des Arbeitsplatzes fürchten. Menschen streben nach einer sinnvollen Aufgabe und Selbstverwirklichung. Die meisten Mitarbeiter wollen ankommen!

Schaut man sich also unsere Studien und auch weitere aktuelle Beiträge an, kristallisieren sich im Wesentlichen zwei Aspekte heraus: die Veränderung der Arbeitswelt im Zuge der Digitalisierung und, insbesondere bei der Generation Z, die Influencer.

Ansonsten sind die Unterschiede in den Generationen nicht so groß, wie uns einige Publikationen suggerieren wollen. Jede Generation möchte fair behandelt werden, braucht Perspektiven und Entwicklungsmöglichkeiten, möchte in guten Beziehungen leben und arbeiten und erwartet Wertschätzung, Respekt, Transparenz, Ehrlichkeit und Vertrauen, insbesondere von der Führungskraft. Die großen Unterschiede liegen eher in den Veränderungen der Arbeitswelt und damit in den Konsequenzen der Digitalisierung.

Während des Schreibens dieses Fazits stecken wir mitten in der Coronakrise, es gibt Ausgangsbeschränkungen und viele Tausende von Arbeitnehmern in Deutschland sind in Kurzarbeit oder arbeiten im Homeoffice. Die Coronapandemie zeigt, wie Fluch und Segen eng beieinander liegen können.

Die Globalisierung hat einerseits dazu geführt, dass die Wirtschaftskraft seit den 1990er-Jahren einen enormen Schub bekommen hat und die Welt unternehmerisch, ökonomisch und gesellschaftlich näher zusammengerückt ist. Andererseits hat Globalisierung auch dazu geführt, dass Produktionen von wichtigen Gütern in Länder verlagert wurden, in denen billiger produziert werden kann, was eine deutlich größere Abhängigkeit zur Folge hat. Es bedeutet, dass eine Misswirtschaft in der Immobilien- und Bankenwirtschaft in den USA zu einer weltweiten Finanzkrise führen kann – oder sich ein Virus aus einer weit entlegenen chinesischen Provinz zu einer schrecklichen Pandemie entwickeln kann, mit schlimmen menschlichen, gesellschaftlichen und wirtschaftlichen Konsequenzen überall in der Welt.

Die Digitalisierung wiederum verändert zwar die Arbeit und erzeugt ausgeprägte herausfordernde und neue Anforderungen an Arbeitsplätze, Mitarbeiter und vor allem an Führungskräfte. Andererseits ermöglicht uns die Digitalisierung gerade jetzt auch bei Kontaktverbot („social distancing") weiter zusammenzuarbeiten, auch in Teams, sich virtuell zu treffen, zu forschen, zu lernen und auch ein gewisses soziales Miteinander. „Daheimbleiben", der vorherrschende Slogan der Coronakrise in Deutschland ist sinnvoll nur umsetzbar durch moderne Informations- und Kommunikationstechnologien.

Eine wichtige Frage stellt sich aber, vor allem im Hinblick auf die Aussagen in Vorwort und Einführung: Was bedeutet dies für Employer Branding? Müssen wir uns noch um die Talente bemühen? Ist es überhaupt sinnvoll in einer Krise – dieser oder einer anderen – weiterhin an die Arbeitgebermarke zu denken?

Die Antwort darauf ist ein klares Ja. Auch wenn beim Schreiben dieser Zeilen eine ungewisse Zukunft bevorsteht, zu diesem Zeitpunkt noch nicht klar ist, wann die Krise vorüber und das Virus bekämpft sein wird, d. h., wann wir wieder in sowas wie eine Normalität zurückkehren können. So ist aber doch eines klar: Die Krise wird vorübergehen und dann wird der Kampf um die Talente sich auch fortsetzen. Employer Branding in der Krise und ein funktionierendes Krisenmanagement sind sehr wichtige Instrumente des Unternehmenserfolges, aber auch entscheidende Aspekte für das Unternehmensimage und eine nachhaltig wirkende Arbeitgebermarke. Der Umgang mit Krisen im Sinne eines erfolgreichen Krisenmanagements bietet letztlich auch Chancen, die man für das Unternehmensimage nutzen kann (Pillmayer & Scherle, 2018). Wie Unternehmen nach innen mit der Krise umgehen, wird schnell auch nach außen sichtbar. Um ihr jahrelang sorgsam gepflegtes Arbeitgeberimage zu erhalten, sollten Unternehmen gerade in turbulenten Zeiten ihre selbst formulierten Werte und die Wahrnehmung ihres Handelns niemals aus dem Blick verlieren.

Es ist derzeit ungewiss, wie lange die durch Corona ausgelöste Krise dauern wird. Doch wenn sie eines Tages überwunden sein wird, werden die Unternehmen im Vorteil sein, die auf einem wiederbelebten und zunehmend umkämpften Arbeitsmarkt ein unverwechselbares Arbeitgeberprofil vorweisen können. Personalmanagement muss nach innen einlösen, was die Arbeitgebermarke nach außen verspricht.

Vielleicht lernen wir aus dieser doch wirklich für uns alle unglaublich intensiven, belastenden und umfassenden Krise? Vielleicht ändert sich ja etwas in unserem Denken und Konsumverhalten? Vielleicht ergeben sich neue Erkenntnisse, wie beispielsweise, dass es möglicherweise nicht nötig ist, dass jeden Tag Abertausende von Menschen morgens und abends in der Rushhour die Straßen verstopfen und dabei die Umwelt belasten? Vielleicht lernen wir, dass es wichtigere Dinge gibt als immer noch größere Autos und noch mehr Karriere, dass soziales Miteinander und gegenseitige Rücksichtnahme doch wichtigere Werte sind? Vielleicht erkennen wir, dass es Berufe gibt, die aufgrund ihrer Wichtigkeit für uns alle besser unterstützt und vor allem besser bezahlt werden sollten, wie die schon oben erwähnten Pflegekräfte? Vielleicht wissen wir jetzt, dass man möglicherweise für die Gesellschaft lebenswichtige Güter wie Beatmungsgeräte, Schutzausrüstungen und Medikamente vielleicht doch lieber im eigenen Land produzieren sollte? Nun, das ist so derzeit nicht zu beantworten.

Nur eines hat sich jetzt schon gezeigt: Die Unternehmen, die verantwortlich in der Krise handeln, die sich wertschätzend um ihre Mitarbeiter kümmern, weil sie finanziell und wirtschaftlich gut aufgestellt sind und vorgesorgt haben, werden nicht nur überleben, sondern auch ihr Image als attraktive Arbeitgeber ausbauen und positiv verstärken. Dies gilt sowohl für die kleine tapfere Medienagentur, das inhabergeführte Haustechnikunternehmen als auch für Großkonzerne.

Diese Unternehmen investieren auch in der Krise in ihre Mitarbeiter und damit in ihren Employer Brand!

Zusammenfassend ergeben sich folgende Top-Ten-Handlungsempfehlungen für einen interdisziplinären, strategischen Employer-Branding-Ansatz:

Employer Branding sollte:
(1) ganzheitlich, interdisziplinär, langfristig und strategisch aufgebaut sein,
(2) top-down getrieben sein, mit den Führungskräften als Vorbild,
(3) die Unternehmensidentität klar ausdrücken,
(4) immer extern wie intern wirken,
(5) zielgruppenspezifisch umgesetzt werden,
(6) wertegesteuert und authentisch sein,
(7) Diversität, soziale Verantwortung, Umweltbewusstsein und Nachhaltigkeit betonen,
(8) gerade in der Krise weitergeführt werden,
(9) Galionsfiguren zur Identifikation einsetzen,
(10) und vor allem halten was es verspricht!

Deshalb arbeiten Sie ernsthaft an der Vision Ihres Unternehmens! Beantworten Sie die Fragen: Wofür stehen wir und was macht uns einzigartig? Erarbeiten Sie eine klare Vision und Mission! Entwickeln Sie einen eindeutigen Markenkern! Binden Sie Ihre Mitarbeiter ein. Gerade die Coronakrise hat gezeigt, was gut ausgebildete und motivierte Mitarbeiter in kürzester Zeit leisten können.

Nur die Unternehmen, die auch in Krisenzeiten an ihr Arbeitgeberimage denken und sich nach innen wie nach außen als attraktive Arbeitgeber positionieren, werden die Talente gewinnen und binden, die sie brauchen, um erfolgreich zu sein.

Aus Sicht des Employer Branding brauchen wir wieder mehr Galionsfiguren. Manager, die sich vor ihr Unternehmen stellen und Mitarbeiter stolz machen für die eigene Marke zu arbeiten – authentische Influencer der Zukunft.

Wir wünschen Ihnen für Ihre Zukunft viel Erfolg!

Literatur

Ambler, T. & Barrow, S. (1996). The employer brand. *The Journal of Brand Management*, Vol. 4(No. 3):185–206.

Bargh, J. (2013). Die Macht des Unbewussten. In: Amicia, F. D., Höfer, P. & Röckenhaus, F. (Hrsg.), *Die Macht des Unbewussten – Teil 1*. Köln: Phoenix (TV-Ausstrahlung am 26. März 2013).

Bargh, J. A. & Chatrand, T. L. (1999). The unbearable automaticity of being. *American Psychologist*, 54(7):462–479.

Berkup, S. B. (2014). Working With Generations X And Y In Generation Z Period: Management Of Different Generations In Business Life. *Mediterranean Journal of Social Sciences*, Vol. 5(No. 19):218–229.

Brademann, I & Piorr, R. (2018). *Das affektive Commitment der Generation Z: Eine empirische Analyse des Bindungsbedürfnisses an Unternehmen und dessen Einflussfaktoren*. Essen: Arbeitspapiere der FOM Hochschule für Oekonomie & Management, Nr. 70.

Brökermann, R. & Pepels, W. (2002). Personalmarketing an der Schnittstelle zwischen Absatz- und Personalwirtschaft. In: Brökermann, R. & Pepels, W. (Hrsg.), *Personalmarketing: Akquisition – Bindung – Freistellung*, S. 1–15. Stuttgart: Schäffer-Poeschel.

Chambers, E. G., Foulon, M., Handfield-Jones, H., Hankin, S. M. & Michaels, E. G. (1998). The war for talent. *The McKinsey Quarterly*, Vol. 1(No. 3):44–57.

Chlupsa, C. (2013). Glücklich kaufen – Christian Chlupsa erforscht für eine Studie den Wohlfühlpreis. *Süddeutsche Zeitung*, 117:R8. (Interviewer: Alwardt, I.).

Chlupsa, C. (2017). *Der Einfluss unbewusster Motive auf den Entscheidungsprozess – Wie implizite Codes Managemententscheidungen steuern*. Wiesbaden: Springer Gabler.

Deelmann, T. (2015). *Meilensteine und Trends der Betriebswirtschaft*. Berlin: Schmidt.

Deloitte (2018). *Der Aufstieg der ßozialen Organisation": Globale Human Capital Trendstudie 2018*. https://www2.deloitte.com/de/de/pages/human-capital/articles/human-capital-trends-deutschland-2018.html.

Eckstein, J. (2020). Employer Branding in the age of Generation Y – on the basis of the different requirements of men and women with a special focus on the insurance industry. Bachelor Thesis, FOM Hochschule für Oekonomie & Management, München.

Erickson, T. (2010). *What's Next, Gen X? Keeping Up, Moving Ahead, and Getting the Career You Want*. Boston: Harvard Business School Publishing.

Esch, F.-R. (2018). *Strategie und Technik der Markenführung*. München: Vahlen.

Fry, R. (2018). *Millenials projected to overtake Baby Boomers as America's largest generation*. PewResearch Center. www.pewresearch.org/fact-tank/2018/03/01/millennials-overtake-baby-boomers/.

Gallup (2018). www.gallup.de/183104/german-engagement-index.aspx.

Gigerenzer, G. (2007). *Bauchentscheidung – Die Intelligenz des Unbewussten und die Macht der Intuition*. München: Bertelsmann.

IAB (2019). *Stellenerhebung, Institut für Arbeitsmarkt- und Berufsforschung der Bundesagentur für Arbeit*. www.iab.de/de/befragungen/stellenangebot/aktuelle-ergebnisse.aspx.

Kahneman, D. (2011). *Schnelles Denken, langsames Denken*. München: Siedler.

Maslow, A. (1981). *Motivation und Persönlichkeit*. Hamburg: Rowohlt Taschenbuch, 15. Aufl.

McClelland, D. C. (1985). *Human motivation*. Glenview: Scott & Foresman.

McClelland, D. C. (1987). *Human motivation*. Cambridge: Cambridge University Press.

McClelland, D. C., Koestner, R. & Weinberger, J. (1989). How do self-attributed and implicit motives differ? *Psychological Review*, 96:690–702.

Michaels, E., Handfield-Jones, H. & Axelrod, B. (2001). *The War for Talent*. Boston: Harvard Business School Press.

Petkovic, M. (2008). *Employer Branding: Ein markenpolitischer Ansatz zur Schaffung von Präferenzen bei der Arbeitgeberwahl*. München und Mering: Rainer Hampp.

Pillmayer, M. & Scherle, N. (2018). Krisen und Krisenmanagement im Tourismus – Eine konzeptionelle Einführung. In: Hahn, S. & Neuss, Z. (Hrsg.), *Krisenkommunikation in Tourismusorganisationen. Grundlagen, Praxis, Perspektiven*, S. 3–18. Wiesbaden: Springer VS.

Rohrmeier, J., Egan, T. & Peisl, T. (2019). Trust in Executive Search – The Client's Perspective. *Journal of Leadership, Accountability and Ethics*, Vol. 16(No. 1):73–85.

Roth, G. (2013). Die Macht des Unbewussten. In: Amicia, F. D., Höfer, P. & Röckenhaus, F. (Hrsg.), *Die Macht des Unbewussten – Teil 1*. Köln: Phoenix (TV-Ausstrahlung am 26. März 2013).

Scholz, C. (2014). *Generation Z: Wie sie tickt, was sie verändert und warum sie uns alle ansteckt*. Weinheim: Wiley-VCH-Verlag.

Schuhmacher, F. & Geschwill, R. (2008). *Employer Branding: Human Resources Management für die Unternehmensführung*. Wiesbaden: Gabler.

Snyder, A. (2013). Die Macht des Unbewussten. In: Amicia, F. D., Höfer, P. & Röckenhaus, F. (Hrsg.), *Die Macht des Unbewussten – Teil 1*. Köln: Phoenix (TV-Ausstrahlung am 26. März 2013).

Statista (2019). https://de.statista.com/statistik/daten/studie/378706/umfrage/entwicklung-des-fachkraefteindex-in-deutschland-nach-berufsfeldern/.

Stotz, W. & Wedel-Klein, A. (2013). *Employer Branding. Mit Strategie zum bevorzugten Arbeitgeber*. München: Oldenbourg, 2. Aufl.

Trost, A. (2009). *Employer Branding: Arbeitgeber positionieren und präsentieren*. Neuwied: Luchterhand.

Wiese, D. (2005). *Employer Branding: Arbeitgebermarken erfolgreich aufbauen*. Saarbrücken: Vdm Dr. Müller.

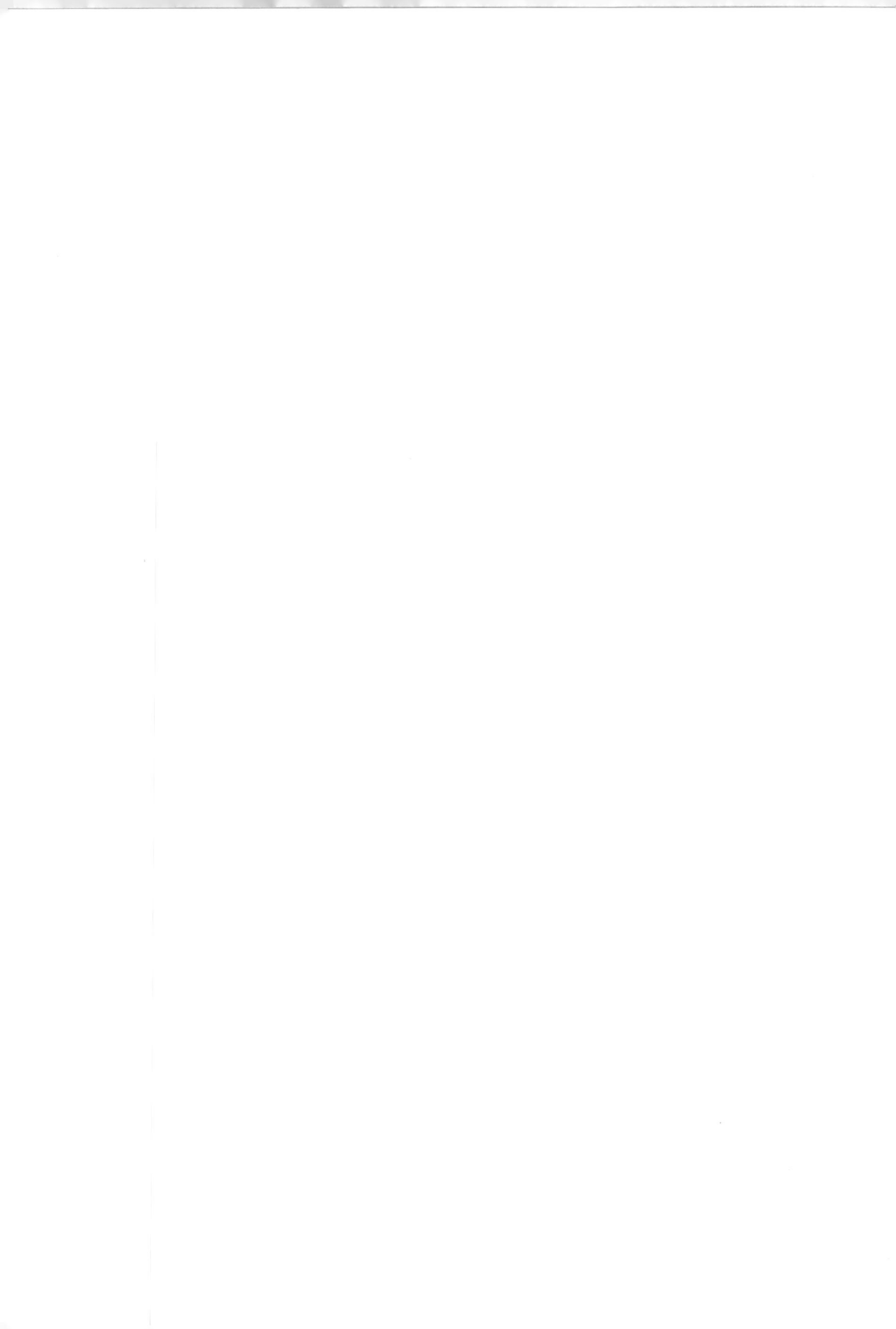